TERAPIA COM SÁBIOS

Remédio para Alma e Espírito

TERAPIA
COM SÁBIOS

REMÉDIO PARA ALMA E ESPÍRITO

EDITORA
LUX

São Paulo - 2024

Terapia com Sábios
F. R. C. G. G

1ª Edição
1ª tiragem – novembro de 2024

Edição
Editora Lux
Revisão
Marcia Moreira
Diagramação
Carvalho Diagramação
Capa
Ingo Bertelli

ISBN 978-65-84719-43-9

Dados Internacionais de Catalogação na Publicação — CIP

G963t Guimarães, Fernando Ribeiro Costa Gondin.

Terapia com sábios : remédio para alma e espírito / Fernando Ribeiro Costa Gondin Guimarães. – São Paulo, SP: Ed. Lux, 2024.

200 p. ; 14 x 21 cm.

ISBN 978-65-84719-43-9

1. Psicologia. 2. Autoconhecimento. 3. Transformação pessoal. 4. Crescimento espiritual. 6. Ensinamentos. I. Título.

CDU: 159.9
CDD: 150

Bibliotecária responsável – Simone da Rocha Bittencourt — 10/1171

Editora Lux
Avenida Arajani, 136 — Cidade Patriarca
CEP: 03548-000 — São Paulo — SP
Tel.: 11 4213-0401 | WhatsApp.: 11 95916-6965
E-mail: contato@editoralux.com.br

versão; 20241021-1728

Bula do Livro "Terapia com Sábios"

Nome do Produto

Terapia com Sábios: suplemento espiritual e emocional

Apresentação

Uma obra-prima de transformação pessoal, "Terapia com Sábios" é o remédio definitivo para a alma, o espírito e o coração. Este livro é um verdadeiro guia para uma vida repleta de significado, alegria e virtude.

Composição

Cada volume de "Terapia com Sábios" contém:

- **Capítulos de sabedoria ancestral**: lições práticas baseadas em princípios éticos e morais.
- **Guias de reflexão e meditação**: atividades para conexão interior e clareza mental.
- **Caminhos de transformação:** passos práticos para integrar as virtudes na vida diária e promover o crescimento pessoal contínuo.
- **Encontros com a sabedoria:** sessões de reflexão para acessar ensinamentos profundos e aplicar *insights* na vida cotidiana.
- **Orientações para tomada de decisões conscientes**: passos para escolher sempre o caminho do bem.

Indicações

"Terapia com Sábios" é recomendado para:

- **Cura de feridas emocionais**: tratamento de tristeza, angústia e conflitos internos.
- **Fortalecimento da moral e da ética**: desenvolvimento de uma conduta pautada por virtudes.
- **Crescimento espiritual**: expansão da consciência e da conexão com o bem maior.
- **Desenvolvimento pessoal e autoconhecimento**: autoexploração e construção de uma vida plena.
- **Orientação para escolhas sábias**: auxílio na tomada de decisões em momentos de incerteza.

Posologia e Modo de Usar

- **Leitura regular**: recomenda-se a leitura de cinco a dez páginas por dia, seguido por um período de reflexão. A prática regular potencializa os benefícios.
- **Aplicação prática contínua**: pratique as lições aprendidas diariamente, integrando os valores e virtudes na sua rotina.
- **Aplicação prática**: após a leitura, reserve um tempo para refletir sobre como os ensinamentos podem ser aplicados em sua vida. Experimente os exercícios de autoconsciência e práticas sugeridas.

Contraindicações

- Não há contraindicações. Indicado para todos que buscam crescimento pessoal, espiritual e emocional. "Terapia com Sábios" é seguro e benéfico para todas as idades e fases da vida.

Efeitos Colaterais

- **Positivos**

- Aumento significativo da paz interior e da felicidade.
- Melhoria nas relações interpessoais.
- Aumento da resiliência emocional.
- Crescimento exponencial da sabedoria prática e do discernimento moral.
- Redução de estresse e ansiedade.
- Elevação do estado de espírito e da autoestima.
- Desenvolvimento de um propósito de vida mais claro.
- Impacto positivo em todas as áreas da vida, desde relacionamentos até a carreira.
- Fortalecimento das relações interpessoais através da empatia e da compreensão.
- Melhora significativa no equilíbrio emocional.
- Elevação do senso de propósito e da clareza sobre os próprios valores.
- Transformações profundas no modo de pensar e agir, levando a mudanças positivas, com adoção de novas perspectivas e valores mais elevados.

Advertências e Precauções

- **Potência elevada**: os efeitos de "Terapia com Sábios" são poderosos e podem desencadear profundas reflexões e mudanças de vida; use com consciência e disposição para a transformação.

- **Uso consciente**: este livro é um complemento espiritual e emocional e deve ser usado em harmonia com outros cuidados de saúde e bem-estar.
- **Dedicação recomendada**: para maximizar os benefícios, é essencial que o leitor dedique tempo e atenção ao processo de leitura e prática dos ensinamentos.

Armazenamento

- **Conservação especial**: guarde este livro em um lugar especial, onde possa ser consultado frequentemente; proteja-o do excesso de luz e umidade, pois ele é uma joia preciosa para a mente e o coração.

Validade

- **Eterna**: os ensinamentos de "Terapia com Sábios" são eternos e mantêm sua eficácia ao longo de toda a vida.

Duração do Tratamento

- **Vida inteira**: este livro é um companheiro para a vida toda, oferecendo sabedoria e orientação em todas as fases e momentos cruciais.

Boa leitura!

Deus é a consciência do universo, a energia criadora e positiva que contém todas as virtudes.
É a manifestação da sabedoria absoluta.
Devemos cultivar amor e respeito por tudo e por todos, pois é através desses valores que construímos um mundo mais harmonioso e justo.

Este livro foi escrito com muito amor para poder ajudar as pessoas a melhorar seus pensamentos e o mundo.

É necessário que o ser humano se empenhe na união da mente com o coração.
Só assim, será possível amar com inteligência e pensar com amor.

F. R. C. G. G.

Sumário

Reflexão Final

— 1 —

A sabedoria oferece uma vida longa e também riquezas e honras. Ela torna a vida agradável e guia a pessoa com segurança em tudo o que faz. Os que se tornam sábios são felizes, e a sabedoria lhes dará vida.
A sabedoria é a única coisa que ninguém pode tirar de você. (Sêneca)

— 2 —

Portas que não se abrem podem significar caminhos que não são seus.

— 3 —

Quando resistimos à mudança, chama-se sofrimento.
(Pema Chödrön)

— 4 —

Jamais se diminua para participar da vida de alguém ou estar em algum lugar.

— 5 —

Às vezes, aqueles que não socializam muito não são realmente antissociais.
Eles simplesmente não têm tolerância para drama, estupidez e pessoas falsas.

— 6 —

O futuro é esculpido no momento presente.
A colheita de amanhã depende da lavra e da semeadura de hoje.

— 7 —

Medos e inseguranças são criados inconscientemente por você. Se você não os criar, eles não existem.

— 8 —

Penetra no silêncio da própria alma, escuta os pensamentos que te nascem do próprio ser e reconhecerás que a solução fundamental de todos os problemas da vida surgirá de ti mesmo.

— 9 —

Confie em Deus de todo o seu coração e não se apoie em seu próprio entendimento; reconheça Deus em todos os seus caminhos, e Ele endireitará as suas veredas.

— 10 —

A única coisa que pode trazer felicidade duradoura é o reconhecimento da sua própria divindade. (Adyashanti)

— 11 —

Um dia você será somente saudades, então deixe seu melhor por onde passar.

— 12 —

Silêncio é verdade. Silêncio é felicidade. Silêncio é paz. E, portanto, silêncio é o ser. (Mahatma Gandhi)

— 13 —

Sempre que Deus quer fazer um homem grande, Ele o quebra em pedaços primeiro.

Aquilo que não nos mata nos fortalece.
(Friedrich Nietzsche)

— 14 —

Viva sua vida como se estivesse pronto para se despedir dela a qualquer momento, como se o tempo que lhe resta fosse uma agradável surpresa.

— 15 —

Tristeza é uma sombra que apenas prejudica quem a conserva por teimosia dentro da própria alma. Alegre-se!

Cultive o otimismo e a esperança.

— 16 —

Embora ninguém possa voltar atrás e fazer um novo começo, qualquer um pode começar agora e fazer um novo fim.

— 17 —

Todos evoluem desidratando, seja pelo suor do trabalho ou pelas lágrimas do sofrimento.

— 18 —

A alma sempre sabe o que fazer para se curar.

O desafio é silenciar a mente para ouvi-la.

Enquanto você não perceber que tem algo dentro de si maior do que aquilo que tem fora de si, você nunca crescerá espiritualmente.

— 19 —

Aquele que tentou e não conseguiu é superior àquele que não tentou. (Franklin P. Jones)

— 20 —

Conhece-te a ti mesmo, torna-te consciente da tua ignorância e serás sábio. (Sócrates)

— 21 —

Aprenda a viver dentro das suas possibilidades. Buscar uma vida de aparências, fora de sua realidade, só o levará para um abismo sem volta.

Construa a sua vida aos poucos, lutando a cada dia e extraindo da vida o que ela tem de melhor - a simplicidade.

— 22 —

A natureza é o reflexo da alma em sua forma mais pura, onde o silêncio das montanhas, o sussurro das árvores e o fluxo dos rios nos convidam a mergulhar na essência do ser e a despertar a espiritualidade adormecida.

— 23 —

Quem quer crescer na vida tem que sumir às vezes. Não se desculpe por ser ausente.

Ninguém vai lutar pelos seus objetivos além de você!

Agradecer a Deus, acima de todas as coisas, é o princípio para começar o dia bem, e terminar melhor ainda.

— 24 —

Algumas pessoas vão dizer por aí que você é difícil de lidar. Simplesmente porque elas não conseguem te manipular.

— 25 —

Não tenha pressa, mas tenha rumo. Demorar é diferente de se perder.

— 26 —

Quem tem clareza de quem é e de onde quer chegar se torna seletivo de onde coloca o seu tempo e energia.

— 27 —

Não busque a felicidade fora, mas sim dentro de você, caso contrário, nunca a encontrará.

—28 —

Nenhum trabalho é inerentemente estressante. O que causa estresse é a nossa reação compulsiva a situações desafiadoras. (Hans Selye)

— 29 —

A frase mais humilde que posso dizer é que:

"Sem Deus, eu não sou nada".

A mais poderosa é:

"Com Ele, tudo posso".

— 30 —

Quando você perceber que nada te falta, o mundo inteiro te pertence. (Lao-Tzu)

— 31 —

Nunca se arrependa do bem que você fez, mesmo que se depare com a ingratidão.

— 32 —

Seu maior poder está na magia de ser você mesmo!

— 33 —

Na velhice, todos nos arrependemos de não ter matado a preguiça dentro de nós mesmos.

— 34 —

O tempo é muito lento para os que esperam, muito rápido para os que têm medo, muito longo para os que lamentam, muito curto para os que festejam; mas, para os que amam, o tempo é eternidade. (Henry Van Dyke)

Amor não se vê com os olhos, mas com a alma. (William Shakespeare)

— 35 —

Onde quer que vás, vai com todo o teu coração. (Confúcio)

— 36 —

A dor é inevitável, mas o sofrimento é opcional. A verdadeira cura vem de encontrar paz e aceitar a mudança com amor. (Harville Hendrix)

A dor do coração é uma oportunidade para o crescimento interior; cada lágrima é uma semente que, quando cultivada, pode florescer em força e sabedoria.

— 37 —

A vitória está reservada para aqueles que estão dispostos a pagar o preço. (Napoleon Hill)

— 38 —

A vida que você deseja está logo depois
da decisão que você toma.

A melhor forma de superar um vício é reconhecer
o problema, buscar apoio adequado, adotar hábitos
saudáveis e cuidar da saúde mental e física.

— 39 —

A cura não vem do esquecer,
vem do lembrar sem sentir dor.

— 40 —

O destino não é uma questão de sorte,
mas uma questão de escolha.
Não é algo a ser esperado, mas algo a ser alcançado.

— 41 —

Confie na sua intuição e não deixe que o ruído das
opiniões externas silencie a verdade do seu coração.

Não permita que o barulho das opiniões dos outros cale
a sua própria voz interior. (Steve Jobs)

— 42 —

O coração de uma mulher deve estar tão bem escondido
em Deus que um homem, para achá-lo, precisa buscar a
Deus primeiro. (Maya Angelou)

— 43 —

Seja conhecido pela sua gentileza, pela sua honestidade,
pela beleza do seu caráter, por sua bondade e
pela energia boa que espalha, afinal,
são esses valores que sempre vão importar.

— 44 —

Defenda-se com um sorriso, ofenda com o seu silêncio e vença com a indiferença! (Zíbia Gasparetto)

— 45 —

Que proveito terá o homem, ou mulher, se ganharem o mundo inteiro, mas perderem suas próprias famílias?

— 46 —

O medo surge, simplesmente, porque você não está vivendo com a vida. Você está vivendo em sua mente. (Eckhart Tolle)

— 47 —

Uma vez que você abandone as expectativas, você aprendeu a viver.

— 48 —

Nada pode destruir o ferro, mas a sua própria ferrugem pode. Da mesma forma, nada pode destruir você, a não ser seus próprios pensamentos.

— 49 —

Se você estiver em posição de ajudar alguém, ajude. O universo pode estar respondendo as orações dessa pessoa através de você.

— 50 —

Feliz ou não, a lei da vida sempre é seguir
em frente com a cabeça erguida.
Não foque na dor, foque na cura.

Não reclame das perdas, seja grato pelo aprendizado. Não questione os problemas, busque a solução.

— 51 —

Não posso reclamar da vida que estou vivendo, tenho tudo que preciso, e aquilo que falta, estou conquistando!

— 52 —

O presente mais precioso que podemos dar aos outros é a nossa energia positiva.

— 53 —

Nada voltará a ser como antes, mas tudo pode ser melhor como nunca foi.

— 54 —

No dia em que o homem se tornar superior ao prazer, ele também será superior à dor. (Sri Aurobindo)

— 55 —

Se você quiser explorar, divertidamente, as dimensões mais profundas da vida, você precisará de um coração cheio de amor, de uma mente alegre e de um corpo vibrante. (Sadhguru)

— 56 —

O resultado do que fazemos nos espera mais adiante.

— 57 —

É na omissão dos bons que os maus prosperam. (Edmund Burke)

— 58 —

Viver com propósito, cultivando momentos de gratidão, conexão com os outros e consigo mesmo e encontrando equilíbrio nas pequenas alegrias do dia a dia, pode fortalecer a mente e o coração contra a depressão.

— 59 —

A única razão pela qual um guerreiro segue vivo é LUTAR.

— 60 —

Somente tarde, muito tarde, a gente aprende que amou tão pouco. (Carlos Drummond de Andrade)

— 61 —

Não tem como dar errado para quem não desiste de fazer dar certo.

— 62 —

Quem planta árvores, sabendo que nunca se sentará à sombra delas, começou a entender o significado da vida. (Warren Buffett)

— 63 —

Vai dar certo, não importa a força do vento, nem o tamanho do problema que você enfrenta.

Se a sua fé está em Deus, as coisas em sua vida vão dar certo sim, não desista.

— 64 —

Nunca desista de algo que você pede a Deus todos os dias.

— 65 —

Ninguém é melhor do que ninguém, mas alguns se destacam por seu caráter, e outros, pela falta dele.

— 66 —

As pessoas boas merecem nosso amor,
as pessoas ruins precisam dele.

— 67 —

Purifique-se mediante uma vida útil e bem ordenada.

Vigie seus pensamentos, sentimentos, palavras e ações.

Isso clareará sua visão.

— 68 —

Quando chegamos ao plano espiritual, ninguém pergunta a nossa religião, mas o quanto de bem se praticou na terra. (Chico Xavier)

— 69 —

Sua visão se tornará mais clara quando olhar dentro do seu próprio coração.

Quem olha para fora sonha. Quem olha para dentro desperta. (Carl Jung)

— 70 —

Às vezes, corremos de coisas que basta um posicionamento nosso... Para dar um fim ao problema.

— 71 —

Quando não puder controlar o que está acontecendo, dedique-se a controlar como está reagindo.

— 72 —

Fique calado a maior parte do tempo, fale somente
quando deve, e então, seja breve.

Fale pouco, mas, quando falar,
que suas palavras sejam preciosas.

— 73 —

Uma vez me perguntaram: por que você trata bem até
aqueles que não gostam de você e são falsos?

A resposta foi simples e direta:

o mal não está em mim!

— 74 —

Só existem dois motivos para uma pessoa se preocupar
com você. Ou ela te ama muito,
ou você tem algo que ela quer muito!

— 75 —

Quando você se curar, também irá curar seus ancestrais,
e quando o fizer, será o ancestral que
ajudou as novas gerações.

— 76 —

Deus não é cego. Ele sabe sobre você e seus problemas.
Ele conhece aqueles que estão sofrendo, e seu amor por
seus filhos nunca partirá em tempos difíceis.

— 77 —

Na escola, primeiro te ensinam uma lição, e depois,
aplicam uma prova.

Na vida, primeiro te aplicam uma prova, e depois, você aprende a lição.

Suporte o processo que o propósito vai ser lindo.

— 78 —

A preocupação não muda o futuro, apenas tira a paz do presente. Entregue tudo a Deus e confie.

— 79 —

Quem comete uma injustiça é sempre mais infeliz que o injustiçado.

Quem causa dor aos outros semeia tristeza em seu próprio coração.

— 80 —

Mãos que ajudam são mais sagradas que bocas que falam em bondade.

Um gesto gentil vale mais do que mil palavras de conforto.

— 81 —

Luxo é poder acordar todos os dias com saúde para poder continuar a caminhada.
Viver com saúde é o maior luxo que podemos ter.

— 82 —

Quando você perceber que é uma energia vivendo em um corpo, começará a ver as coisas de forma completamente diferente.

— 83 —

Aqueles que te amam podem te dar bons conselhos, mas só você conhece melhor tua situação e teus objetivos do que qualquer outra pessoa.

— 84 —

Se você sentir que não se encaixa no mundo, talvez tenha vindo para ajudar a criar um mundo novo.

— 85 —

Tudo o que é teu encontrará
uma maneira de chegar até você.

— 86 —

Vai por mim: é melhor sumir e não fazer falta do que estar presente e não significar nada.

— 87 —

Independente da situação,
jogue limpo com as pessoas à sua volta!

Não minta, não esconda, não omita, tenha responsabilidade afetiva.

Dignidade vale ouro.

— 88 —

A maior liberdade é se libertar da própria mente. (Platão)

— 89 —

Na Bíblia, a mulher saiu da costela do homem.

Não veio dos pés para ser pisada.

Não veio da cabeça para não ser superior.

Veio do lado para ser igual.

Veio debaixo do braço para ser protegida. E do lado do coração para ser amada.

— 90 —

O pecado irá te levar mais longe do que você quer ir, irá te cobrar mais do que você consegue pagar. (Bob Dylan)

— 91 —

Quando doer, exclua.

Quando incomodar, evite.

Quando chatear, ignore.

Quando fizer mal, saia.

Não podemos mudar as pessoas,
mas podemos gerenciar nossas vidas.

— 92 —

Talvez eu seja enganado inúmeras vezes.

Mas não deixarei de acreditar que, em algum lugar, alguém merece minha confiança.

— 93 —

Infiel a si mesmo não é fiel a nada, é uma chama apagada. (Mahatma Gandhi)

Quem trai a si mesmo apaga
a luz que ilumina seu caminho.

— 94 —

Talvez a fase mais difícil da vida seja aceitar com sabedoria tudo aquilo que não podemos mudar. (Reinhold Niebuhr)

— 95 —

Tudo depende do pensamento de cada um.
Um homem é tão infeliz quando se convenceu de que é.
(Marco Aurélio)

— 96 —

Fale muito de Deus, pouco de você e nada dos outros.
(São Francisco de Assis)

— 97 —

O sábio observa o mundo,
mas confia em sua visão interior.

Ele permite o vir e ir das coisas.

A sabedoria reside em observar o mundo com um coração aberto, aceitando o fluxo da vida.

— 98 —

Cuide bem das coisas que o dinheiro não compra, são elas que te tornam rico.

— 99 —

A solidão em nada me assusta. O que me assusta é a aglomeração humana tentando preencher seus corações vazios, sem vida, com falsas companhias.
(Fernando Pessoa)

— 100 —

Esteja certo de que Deus conhece cada uma de suas angústias e jamais o deixará em desamparo.
Como todo bom Pai, Ele não pode impedir que passe pelas provações, mas sempre estará ao seu lado.
(Mahatma Gandhi)

— 101 —

Quanto mais você estiver sozinho, sem ser governado por compulsões sociais, mais você estará em condições de acessar sua natureza original.
(Jiddu Krishnamurti)

— 102 —

Nem tudo que você pensa pode ser dito. Isso não é falta de sinceridade, é sabedoria. (Jiddu Krishnamurti)

— 103 —

Os sábios não veem o mundo com os olhos, mas sim com a alma.

Não se consideram mestres, mas sim, eternos aprendizes.

— 104 —

Cada lugar em que você se despede há outro fazendo festa para te receber.

— 105 —

Não despeje suas preocupações sobre aqueles que não podem mudar sua situação. Confie seus problemas a quem tem o poder de trazer luz e alívio e proteja os demais de angústias que não podem curar.

Quem não pode resolver seus problemas não precisa saber deles.

— 106 —

O conhecimento brilha mais do que o sol, mas a sabedoria é a luz que ilumina o mundo inteiro.
Conhecimento é poder.
A sabedoria começa na reflexão. (Sócrates)

— 107 —

Você é uma luz que ilumina qualquer escuridão.

A luz que você compartilha com o mundo nunca se apaga; ela se multiplica em corações ao seu redor.

— 108 —

Orgulhe-se da sua coragem, da sua história, de quem você é nos altos e baixos da vida.

Orgulhe-se por não desejar o mal para ninguém, nem mesmo para aqueles que já lhe causaram dor.

Orgulhe-se da forma despretensiosa, genuína, honesta e profunda que você tem de amar.

— 109 —

Às vezes, é necessário que o mal chegue ao excesso para se tornar compreensível a necessidade do bem e das reformas. (José Saramago)

— 110 —

A maioria das pessoas no mundo não estão ocupadas - elas estão apenas preocupadas. (Eckhart Tolle)

Entre a agitação do mundo, poucos se ocupam com paixão genuína, enquanto muitos se consomem em preocupações vazias.

— 111 —

Sempre tenha tempo para orar pelos outros.

Você não sabe o quanto suas orações podem ajudá-los.

— 112 —

Não somos apenas humanos passando por uma experiência espiritual; somos espíritos imortais vivendo uma experiência humana. (Pierre Teilhard de Chardin)

Viva cada dia com gratidão no coração, aprendendo com as experiências e buscando sempre o crescimento espiritual.

— 113 —

Quando você perdoar quem o feriu, você não só a liberta, mas quebra todo um ciclo de mágoas que lhe prende a dor.

— 114 —

Nunca se arrependa por ser bom, mesmo que isso não seja reconhecido. Todo ato de bondade e amor, a vida devolve em dobro!

— 115 —

O verdadeiro conhecimento é aquele que liberta a mente e ilumina o espírito.

A essência do verdadeiro conhecimento não reside apenas na acumulação de informações, mas sim na capacidade de transformar a mente e iluminar o espírito, guiando-nos rumo à sabedoria e à compreensão mais profunda da vida.

O conhecimento é o alimento da alma.

— 116 —

Atrações físicas são comuns.

Conexões mentais são raras.

— 117 —

Aprender o que Deus quer nos ensinar no meio da dificuldade é mais importante do que sair dela.

— 118 —

Se não consegue obter a afeição daqueles a quem mais ama, não se esqueça de se dedicar aos que amam a você, especialmente quando necessitem do seu concurso. (Platão)

— 119 —

O novo ser humano encontrará sua religião na natureza.

Na harmonia da natureza, encontramos a essência divina. (Hermann Hesse)

Nada supera a paz que a natureza transmite!

— 120 —

Se o homem conhecesse a extensão dos recursos que nele germinam, ficaria deslumbrado.

Não mais temeria o futuro,
tampouco se julgaria fraco. (Gustave Le Bon)

— 121 —

Onde dialogam pessoas sábias, opiniões diferentes não geram conflitos, geram novas ideias. (Platão)

— 122 —

Preservar a natureza não é um dever, mas uma necessidade vital para a sobrevivência de todas as formas de vida.

A natureza não precisa de nós. Nós é que precisamos dela. (David Attenborough)

— 123 —

Encare a solidão, senão a sua carência
irá levá-lo a muitos lugares indesejados.

— 124 —

O limite de como o outro o trata quem dá é você. Saber respeitar os limites alheios é um reflexo do amor próprio e do cuidado com o próximo.

— 125 —

Ser independente é difícil, depender dos outros também.

Acordar cedo é difícil, acordar tarde e não fazer tudo o que precisa também.

Estudar é difícil, não alcançar seus sonhos é mais ainda.

Escolha o seu difícil.

— 126 —

A terra é o jardim de Deus, confiado à nossa guarda. Cuide dessa morada temporária, porque o equilíbrio da natureza reflete o equilíbrio da alma.

(Mahatma Gandhi)

— 127 —

Quanto tempo faz que você anda colocando vírgula em situações que merecem um ponto final? (Bertolt Brecht)

— 128 —

Se eu te pedisse para me dizer o nome de todas as coisas que você ama, quanto tempo demoraria para você falar seu próprio nome? (Mário Quintana)

— 129 —

Se você precisa implorar pelo mínimo,
será que vale a pena ficar indo atrás?
Você não merece o desgaste de ficar
provando que vale a pena, concorda?
Talvez sentimos vazios, porque deixamos pedaços de nós
em tudo o que acostumamos amar, sabia?
Aprenda de uma vez: esquece essa história de querer
ser o suficiente para alguém. Seja suficiente para você.
(Fabrício Carpinejar)

Reciprocidade não acontece por obrigação
e sim por sintonia. Se não houver reciprocidade,
pratique o desapego.

— 130 —

Sem chuva, nada cresce.
Aprenda a abraçar as tempestades da sua vida.
(Winston Churchill)

— 131 —

Tudo dará certo quando a sua fé for maior do que suas dúvidas! (Augusto Cury)

— 132 —

O mais difícil é ajudar em silêncio, amar sem criticar, dar sem pedir, entender sem reclamar. A aquisição mais difícil para todos nós chama-se paciência.
(Clarice Lispector)

— 133 —

Para aqueles que lhe desejam todo mal,
deseje a eles todo o bem.

Cada um só pode oferecer o que tem. (Chico Xavier)

— 134 —

Há apenas uma maneira de evitar críticas:

não faça nada, não diga nada, e não seja nada.

(Aristóteles)

— 135 —

A inteligência é o único meio que possuímos para dominar os nossos instintos.

(Arthur Schopenhauer)

— 136 —

Quem o vê assim, livre, não imagina a treta que foi se libertar. (J. K. Rowling)

— 137 —

Empatia é entender que, às vezes, o que não dói em mim pode doer e muito no outro. (Luan Santana)

— 138 —

O processo te fere.

O propósito te cura.

Vai ter lutas, medos, insegurança, mas também terás a presença de Deus te sustentando todos os dias.

(Davi G. Silva)

— 139 —

A coragem é quase uma contradição em termos. Significa um forte desejo de viver, sob a forma de disposição para morrer. (Gilbert K. Chesterton)

— 140 —

Paciência para as dificuldades.
Tolerância para as diferenças.
Benevolência para os equívocos.
Misericórdia para os erros.
Perdão para as ofensas.
Prudência para as ilusões.
Equilíbrio para os desejos.
Sensatez para as escolhas.
Sensibilidade para os olhos.
Delicadeza para as palavras.
Discernimento para os ouvidos.
Resignação para escassez.
Responsabilidade para a fartura.
Coragem para as provas.
Fé para as conquistas.
AMOR para todas as ocasiões!
(Léon Denis)

— 141 —

Se você pode olhar para o que tem na sua vida, você sempre vai ter mais. Se você olhar para o que não tem, nunca terá o suficiente. (Oprah Winfrey)

— 142 —

Algumas pessoas nunca vão conseguir reconhecer o seu valor, lá no fundo, elas não reconhecem nem o delas.

— 143 —

Ganhei paz quando entendi que qualquer
coisa que está fora do meu controle deve
também ficar fora da minha mente.

— 144 —

Não tenha medo de redefinir suas prioridades, porque,
quando as coisas ficarem difíceis, será você por você.

— 145 —

Pela sua saúde mental, é preciso aprender a se colocar
como prioridade e desapegar do que não lhe faz bem.

— 146 —

Quem anda com Deus não erra o caminho.
Quem escuta Deus não perde a direção.
Quem fala com Deus não fica sem respostas.

— 147 —

Abraço com amor tudo que chega até mim.
Deixo partir com leveza o que não se encaixa.
Viver é fluir, e eu me movo com serenidade.

— 148 —

Se for para desistir, desista de ser fraco.

— 149 —

Ouça o barulho do silêncio.
Ele tem muito a dizer.

— 150 —

Tenha fé em Deus e em si mesmo; isso resolverá tudo. Espere pelo melhor, trabalhe pelo melhor e tudo ficará bem para você.

— 151 —

A quietude é o mais alto nível de intensidade.
(Bruce Lee)

Quando há quietude em seu interior; seu corpo, mente e energia serão exuberantemente intensos.

— 152 —

Quando você decide mudar, todo o universo se alinha a seu favor. (Paulo Coelho)

— 153 —

O mundo é um lugar perigoso de se viver, não por causa daqueles que fazem o mal, mas sim por causa daqueles que observam e deixam o mal acontecer.
(Albert Einstein)

— 154 —

A lealdade é um presente muito caro que não pode esperar de pessoas sem valor. (Paulo Coelho)

— 155 —

A esperança é a luz que nos guia quando o caminho parece incerto. (Paulo Coelho)

Não importa quão longa seja a noite, o amanhecer sempre chega. (Khalil Gibran)

— 156 —

O amor deve ser como a respiração. Não é uma questão de estar amando alguém. É uma questão de ser o amor. (Ram Dass)

— 157 —

Devemos nos associar com aqueles que elevam nossa mente espiritualmente e evitar aqueles que rebaixam a nossa consciência. (Albert Einstein)

— 158 —

Deus não escolhe os capacitados, mas capacita os escolhidos. (Rick Warren)

— 159 —

Deus tirou tudo de Jó, depois devolveu tudo em dobro! Vai doer, vai machucar, vai te destruir, você vai achar que nem vai aguentar, mas no final Deus honra!

— 160 —

Quanto mais fortes forem as suas provações, maiores serão as suas vitórias. (Anne Frank)

Nas provações da vida, encontramos a força que não sabíamos possuir. (Viktor Frankl)

— 161 —

Conhecer a si mesmo é o primeiro passo para alcançar a verdadeira iluminação; na profundidade do seu ser, você encontrará a sabedoria que ilumina o caminho.

— 162 —

Às vezes o conforto e o apoio que você precisa, vem de pessoas que você menos espera.

Não estacione sua alma em espaços onde não cabem seus sonhos. (Ana Jácomo)

— 163 —

Quando o mundo disser: "desista" ouça Deus sussurrando: "Tente mais uma vez."

— 164 —

Às vezes é necessário ter um caos dentro de si, para que seja gerado uma estrela.

Deus não tira pessoas e coisas da sua vida, ele te livra delas.

— 165 —

A melhor proteção contra energia negativa é manter sua energia POSITIVA!

— 166 —

Para cada vontade de reclamar, pense em um motivo para agradecer.

A gratidão desbloqueia o fluxo da prosperidade.

— 167 —

Não se esqueça de Deus, quando receber tudo aquilo que tanto pediu.

— 168 —

É um homem sensato aquele que não lamenta pelo que não tem, mas se alegra pelo que tem.

— 169 —

A verdadeira superação vem quando você enfrenta seus próprios medos e limitações com coragem e determinação.

Todos os dias, você se supera de alguma forma, e isso já é o suficiente.

— 170 —

Use a gratidão como um manto e sinta a energia do universo reverberando no seu caminho.

Agradeço profundamente pela proteção divina que me guia e me guarda em todos os momentos da vida.

— 171 —

A honestidade não apenas edifica relacionamentos sólidos, mas também preserva a essência da vida, pois o que é construído sobre a verdade resiste ao tempo e à adversidade.

A verdadeira grandeza de um caráter se revela na coragem de ser honesto, mesmo quando a desonestidade parece trazer ganhos imediatos.

— 172 —

Se você compreender que Deus está usando todas as dificuldades que você enfrenta para aperfeiçoá-lo, você ficará em paz.

— 173 —

Você tem poder sobre sua mente, não sobre eventos externos. Perceba isso e você encontrará sua força. (Marco Aurélio)

— 174 —

Tem muito livramento disfarçado que não deu certo.

Você faz suas escolhas, e suas escolhas fazem você.
(John C. Maxwell)

Não se perca tentando se encontrar.

Tem gente que escolhe te perder ao invés de buscar melhorar.

Você não pode mudar alguém, mas pode se mudar de lugar e seguir.

— 175 —

A vida é feita de momentos únicos; valorize cada um deles, pois nunca se repetirão.

— 176 —

Se você não estiver mais onde estava quando começou, significa que não está mais tentando e sim conseguindo!

— 177 —

Se algo não sair conforme o planejado, isso não significa derrota, mas sim uma oportunidade de aprender através de uma perspectiva que você não estava esperando. Ganhar é bom, aprender é ótimo, mas continuar em frente e vencer as batalhas da vida quando tudo e todos conspiram para o seu fracasso é triunfante.

— 178 —

Abençoados serão aqueles que sempre desejam bênçãos para os outros. Felizes serão aqueles que desejam a felicidade dos outros.

Vitoriosos sempre serão aqueles que torcem e se alegram com as vitórias dos outros. A vida é bumerangue.

Tudo o que lançamos, volta com força!

— 179 —

Tudo o que achamos que temos é emprestado pelo universo; conquiste tudo do melhor, mas não se apegue a bens materiais, apenas use.

A vida é seu tesouro. Viva!

— 180 —

Sem sonhos, a vida não tem brilho.

Sem metas, os sonhos não têm alicerces.

Sem prioridades, os sonhos não se tornam reais.

Sonhe, trace metas, estabeleça prioridades e corra riscos para executar seus sonhos. Melhor é errar por tentar do que errar por omitir.

— 181 —

A alegria não está nas coisas, nem no outro.

Ela está dentro de nós.

Quando descobrimos isso, a vida fica mais leve!

— 182 —

A única maneira de mudar sua vida é mudando sua consciência. (Eckhart Tolle)

A consciência não se limita ao conhecimento, mas se manifesta na sabedoria de nossas escolhas e ações.

— 183 —

Sem expectativas.

Sem decepções.

— 184 —

Cada pessoa o enxerga com os olhos que tem, a visão dela não é problema seu. Então, mantenha o foco em seus objetivos!

— 185 —

A melhor maneira de viver é seguir o coração, cultivar a compaixão e nutrir a esperança, transformando cada dia em uma jornada de crescimento e realização pessoal. É encontrar harmonia entre o que fazemos, o que valorizamos e como impactamos o mundo ao nosso redor, buscando sempre contribuir positivamente.

— 186 —

Não julgue uma dor que você não sente.

Se as feridas do seu irmão não lhe causar dor, a sua doença é mais grave que a dele.

— 187 —

Despertar não é mudar quem você é.

Mas sim, descartar quem você não é.

— 188 —

Seja a pessoa que levanta outras pessoas, pode ser com atitudes ou palavras.

Não adianta você conquistar o
mundo e ser egoísta com o próximo.
Estamos aqui de passagem. Seja rico de valores que o
dinheiro não compra.

— 189 —

A vida é um processo, não um problema. A questão é apenas: você se preparou para o processo ou não?
(Asha Tyson)

— 190 —

Todas as coisas na Terra passam.
Os dias de dificuldades passarão.
Passarão, também, os dias de amargura e solidão.
(Mário Quintana)

— 191 —

José foi dormir escravo e acordou governador. Em 24 horas, Deus pode mudar tudo em sua vida.

— 192 —

Nada temas. Trabalha!
Não te omitas. Ajuda!
Não te perturbes. Ama!
Não condenes. Ampara!
Não te ofendas. Esquece!
Não te queixes. Caminha!
Não depredes. Constrói!
Não critiques. Instrui!
Não pares. Serve sempre!
Se o mal te desafia.
Com sabedoria e amor, vencerás!
(Emmanuel, psicografado por Chico Xavier)

— 193 —

Ter fé é assinar uma folha em branco e deixar que Deus nela escreva o que quiser.

— 194 —

Você não é aparência, você é essência.

Não se deixe enganar pelas aparências; a verdadeira grandeza está na profundidade e na autenticidade da essência de cada indivíduo.

— 195 —

Você receberá, de retorno, tudo o que der aos outros, segundo a lei que nos rege o destino.

— 196 —

O que acontece ou deixa de acontecer no externo é pouco relevante.

Só o que importa é o que está se passando em seu interior, a cada momento, no AGORA!

— 197 —

Torne-se o estrategista dos seus pensamentos; não permita que eles o comandem.

— 198 —

Como vibrar alto

No físico

Rir, cantar, dançar.

Fazer exercício físico.

Conectar-se com a natureza.

Dormir bem.

Comer de forma equilibrada.

Manter-se hidratado.

No espiritual

Meditar.

Agradecer.

Orar.

Ter fé.

Fazer tudo com amor.

No mental

Focar no positivo.

Cercar-se de pessoas positivas.

Ler conteúdos positivos.

Compartilhar o seu conhecimento.

No emocional

Perdoar.

Deixar ir o que não soma.

Viver o presente.

Não se comparar.

Amar-se e valorizar-se.

— 199 —

Quando você plantar uma semente de amor,
é você quem floresce.

— 200 —

Se quiseres vencer o mundo inteiro, vence-te a ti mesmo.

Vencer a si mesmo é a maior das vitórias;
é conquistar a paz interior e superar os próprios
limites com amor e perseverança.

— 201 —

O homem que sofre antes do necessário sofre mais que o necessário. (Sêneca)

Não antecipe o sofrimento; cada desafio traz consigo a oportunidade de crescimento e aprendizado no momento certo.

— 202 —

Para ser bem-sucedido, você deve encontrar algo que ama e dedicar-se a isso com paixão e perseverança.

Sucesso é a soma de pequenos esforços repetidos dia após dia.

— 203 —

Em qualquer lugar onde a liberdade de ser autêntico é suprimida, a essência da alma é aprisionada. Prefiro ausentar-me desses espaços, pois estar presente em um ambiente que não aceita a minha verdadeira natureza é aniquilar a própria identidade e trair a dignidade do espírito humano.

Onde não posso ser eu, prefiro não estar. (Ana Jácomo)

— 204 —

A esposa prudente é aquela que, com sua sabedoria e compreensão, é a fonte de equilíbrio e apoio constante na vida familiar.

Uma família perfeita é aquela que, apesar das imperfeições individuais, encontra, na união e no amor mútuo, a sua maior fortaleza e felicidade.

— 205 —

Quando você se questiona se vale a pena, é porque já deixou de valer. (Clarice Lispector)

— 206 —

Ore até que você e Deus se tornem amigos íntimos. (Santo Agostinho)

A intimidade com Deus é cultivada na constância da oração, na meditação de Sua palavra e na prática do amor incondicional.

— 207 —

A vida começa no final de sua zona de conforto. (Neale Donald Walsch)

A zona de conforto é um lugar atraente, mas nada cresce lá. É nos limites dela que descobrimos nossa verdadeira capacidade de superação e crescimento.

— 208 —

Você pode frequentar a academia, beber água, tomar vitamina e ter uma boa alimentação. Mas, se você não cuidar do que passa na sua mente e no seu coração, você nunca será saudável.

— 209 —

Aquele que não busca pelo conhecimento será dependente da sabedoria de outros.

— 210 —

Para alcançar verdadeiro crescimento, é essencial abrir o coração e a mente à graça divina, permitindo que ela guie seus passos.

— 211 —

"Ir para dentro" é simplesmente estar consigo mesmo, criando momentos de quietude para acalmar a mente e limpar a desordem.

— 212 —

Não permita que ninguém te arraste de volta para os lugares dos quais Deus já te libertou; em vez disso, reconcilie-se com o teu passado, reconhecendo as lições aprendidas, mas para de remexer nas dores e erros antigos, pois continuar revivendo esses momentos só impede teu progresso e a plena realização do propósito divino para a tua vida.

Só vive o novo quem abandona o velho.
(Martha Medeiros)

— 213 —

Satanás tem três secretários:

Me falaram.

Me contaram.

Me disseram.

Cuidado! (Augusto Cury)

— 214 —

Às vezes fico triste, mas graças a Deus, não sou um espírito triste.

A alegria passa por cima de qualquer situação e o bom humor nos ensina a não dar aos acontecimentos infelizes maior importância que eles tenham.
(Chico Xavier)

— 215 —

Tentar repreender uma pessoa vaidosa ou corrigir um homem mau é como lançar sementes em solo infértil; ao invés de promover mudança, você só atrairá insultos e humilhação, pois esses indivíduos, cegos pelo ego e pela maldade, não estão dispostos a acolher críticas construtivas ou a refletir sobre suas ações.

— 216 —

Uma pessoa que nunca cometeu erros nunca tentou algo novo. (Albert Einstein)

— 217 —

Cresci vendo minha mãe superar cada obstáculo que a vida colocava nela, passar por momentos tão difíceis que, às vezes, ia dormir se sentindo exausta e com lágrimas nos olhos, mas, mesmo assim, levantava todas as manhãs com energia e ânimo para dar amor incondicional.

Sou alguém forte porque fui criado por alguém mais forte do que eu!

— 218 —

Ser grato de verdade, por tudo o que acontece, mostra que você está em harmonia com todo o universo!

A gratidão é a mais bela das virtudes, capaz de transformar o que temos em o suficiente e mais do que suficiente. É a chave que abre as portas da paz interior e da felicidade plena, pois nos ensina a valorizar cada bênção da vida.

— 219 —

Você é feita da mesma fonte de energia que criou os oceanos, as florestas, as montanhas, os vales e todas as estrelas do céu.

Então agora me diga: por que você não pode ter a força e o poder para alcançar tudo o que deseja?

— 220 —

Às vezes, eu só queria sentar de frente para mim mesmo e dizer:

"Perdoe-me por tudo o que eu fiz passar até aqui, quando tudo o que você merecia era ser feliz".

Desculpe-me de coração.

— 221 —

De que serve o homem conquistar o mundo inteiro se perder a alma? (Jesus Cristo)

É mais valioso ter uma alma íntegra do que possuir todo o mundo.

— 222 —

O que os olhos não veem, a intuição sente.

A intuição é a conexão direta com a nossa sabedoria mais profunda, revelando verdades que vão além da compreensão racional.

— 223 —

A verdade é como uma cirurgia. Dói, mas cura.

Mentir é como um analgésico.

Alivia a dor do momento, mas tem efeitos colaterais permanentes. (B. J. Palmer)

— 224 —

O estado humano é como uma hipnose, e só quando esta ilusão se desfaz é que temos a vida em Deus. (Sri Aurobindo)

— 225 —

Decida-se desapegar sem perder o interesse! (Osho)

Desapego é liberar o controle e confiar que tudo acontece como deveria.

— 226 —

Feliz aquele que, na hora de dar o troco, perde a vontade.

É verdadeira grandeza de alma aquele que, na hora de retribuir o mal, encontra em si mesmo a paz para perdoar. (Mahatma Gandhi)

— 227 —

Na jornada da vida, aprendi que a verdadeira riqueza reside não em acumular bens materiais ou em ostentar aparências, mas sim em dedicar o nosso amor e cuidado aos que nos rodeiam, construindo relações genuínas que são a essência de uma vida plena e significativa.

— 228 —

Quando não o escutam, silencie. Quando não o convidam, não vá. Quando não o oferecem, não peça. Quando o esquecem, não corra atrás. Quando o ignoram, não implore por atenção.

— 229 —

Não deixe o seu passado fazer você um prisioneiro. Ele foi uma lição, não uma sentença. (Tony Robbins)

O passado é uma página virada que nos ensina, não uma corrente que nos aprisiona. (José Saramago)

— 230 —

As pessoas que espalham amor não têm tempo, nem disposição para jogar pedras. (Chico Xavier)

Aqueles que vivem no amor encontram a plenitude da vida, deixando de lado qualquer desejo de causar dor ou julgamento. (Martin Luther King Jr.)

— 231 —

A educação é a chave mestra que abre as portas do conhecimento, transformando sonhos em realidade e possibilidades em oportunidades.
(Kofi Annan)

— 232 —

A nossa felicidade depende mais do que temos nas nossas cabeças do que nos nossos bolsos.
(Charles Chaplin)

A verdadeira felicidade se encontra na riqueza dos pensamentos e na abundância do coração, superando qualquer valor guardado nos bolsos.

— 233 —

Não existe vida perfeita.

Existe você dando o melhor de si todos os dias.

— 234 —

Os encontros mais importantes já foram combinados pelas almas antes mesmo que os corpos se vissem.
(Paulo Coelho)

— 235 —

Ainda que a minha mente e o meu corpo enfraqueçam,
Deus é a minha força. Ele é tudo o que eu sempre
preciso. (Salmo 73:26)

— 236 —

A mente é tudo. O que você pensa, você se torna! (Buda)

— 237 —

O paraíso não é um lugar, mas sim um estado de
consciência. (Eckhart Tolle)

— 238 —

Quem você é, é uma criação sua. Uma vez que entender
isso, você deveria, ao menos,
se tornar quem você deseja ser. (Carl Jung)

— 239 —

Uvas são esmagadas para fazer vinho. Diamantes são
colocados sob pressão. Sementes crescem no escuro.
Então, toda vez que você se sentir esmagado,
pressionado ou no escuro, é porque está em um poderoso
processo de transformação.
(Elizabeth Gilbert)

— 240 —

Um sábio uma vez disse:

Ódio tem quatro letras, amor também.

Mentira tem sete letras, verdade também.

Chorar tem seis letras, sorrir também.

Negatividade tem doze letras, positividade também.

Mal tem três letras, bem também.

A vida tem dois lados, escolha o melhor dela!

— 241 —

A medida do amor é amar sem medida.
(São Bernardo de Claraval)

— 242 —

Quanto mais a gente agradece, mais coisas boas acontecem.
(Robert Emmons)

— 243 —

O desejo deve ser abandonado não porque é moralmente mau, mas sim porque é a raiz do sofrimento.
(Buda)

— 244 —

Sejamos como o sol, que não espera recompensa, nem elogios.

Apenas BRILHA!
(Mahatma Gandhi)

— 245 —

Se ainda não dá para ser exemplo no resultado, seja exemplo no esforço.

Não vos aconselho o trabalho, mas a luta!

Não vos aconselho a paz, mas a vitória!

Seja o vosso trabalho uma luta!

Seja vossa paz uma vitória!
(Augusto Boal)

— 246 —

Nem tudo merece resposta.
Nem tudo merece nossa energia.

Ser seletivo sobre quem merece a nossa presença e o nosso melhor não é arrogância, é autorrespeito.
(Fabrício Carpinejar)

— 247 —

Se sua vida fosse uma mochila, o que você poderia descarregar para que ela ficasse mais leve?
(Ana Jácomo)

— 248 —

Frequentemente, o homem se torna infeliz por culpa sua e por haver desatendido à voz que por intermédio da consciência o advertia. (Chico Xavier)

— 249 —

A lei do retorno é implacável.
Por isso hoje me preocupo mais com as minhas ações do que com as atitudes dos outros.

Cada qual sabe de si.
Eles que se resolvam com as voltas do mundo.

(Mário Quintana)

— 250 —

Cuidado com o medo.

Ele adora roubar sonhos.

Não tenha medo da mudança. Ela assusta, mas pode ser a chave daquela porta que você tanto almeja abrir.
(Augusto Cury)

— 251 —

Quaisquer relacionamentos que você tenha atraído para sua vida neste momento, são precisamente aqueles de que você precisa agora.

Há um significado oculto por trás de todos os eventos e esse significado oculto está servindo à evolução da sua consciência. (Eckhart Tolle)

— 252 —

Domine sua mente, pois sua vida é dominada por ela.
É na mente que você decide se seu caminho
será de luz ou trevas. (Buda)

— 253 —

Intuição é quando você não sabe como sabe,
mas sabe que sabe.

E saber que você sabe é tudo o que precisa saber.
(Eckhart Tolle)

— 254 —

Escute, antes de falar.
Ganhe, antes de gastar.
Pense, antes de escrever.
Tente, antes de desistir.
Viva, antes de morrer.

— 255 —

A necessidade de ser elogiado pelos outros é proporcional ao quanto você aceita a si mesmo.

Quando você se aceita,
não importa se outros gostam ou não.
É algo deles, não seu. (Eckhart Tolle)

— 256 —

A mente está lá para perceber, não para inventar bobagens. Tem que ser como um espelho, mostrando a você tudo do jeito que é. (Eckhart Tolle)

— 257 —

Sua vida não é sua, se você está sempre se importando com o que os outros vão pensar. (C. S. Lewis)

— 258 —

Você passará por situações que não merece, mas elas que lhe farão muito mais forte e sábio. (Augusto Cury)

— 259 —

Se um dia eu o ajudei, saiba que você não me deve nada, nem mesmo gratidão.

A minha bondade não faz reféns; minha ação é sobre mim, e sua reação é sobre você.

— 260 —

Não se conforme apenas com aquele conhecimento que você adquiriu, e sim pense: isso não é o suficiente.

O conhecimento é um oceano sem limites, onde cada descoberta nos leva a novas perguntas e novas jornadas de aprendizado. (Albert Einstein)

— 261 —

Às vezes, dar errado foi a coisa mais certa que poderia ter acontecido.

Aceitar as coisas que acontecem e que não podemos controlar é uma demonstração de humildade e confiança na providência divina.

— 262 —

Quando a exaustão nos visita, é sábio aprender a recuperar forças em vez de desistir, pois o que domina nossa mente molda nossa realidade,
e os caminhos árduos frequentemente nos conduzem a destinos extraordinários.

— 263 —

A vida é uma excelente canção de melodia citada por apenas versos prazerosos e versos simples de se compreender. Mas, às vezes, nos deparamos com certas situações em que saímos do ritmo da música e entramos em contato prévio com a desilusão. Devemos insistir na felicidade e insistir no sentimento puro e verdadeiro. Se cair, levantar; se levantar, prosseguir;
e se prosseguir, não se iludir.

— 264 —

A vida não se trata de esperar que a tempestade passe, mas de aprender a dançar na chuva. (Vivian Greene)

— 265 —

A pior ambição do ser humano é desejar colher os frutos daquilo que nunca plantou.

Dinheiro faz homens ricos, conhecimento faz homens sábios, mas só a humildade faz grandes homens.

— 266 —

As pessoas não precisam ser resgatadas ou salvas. Precisam do conhecimento do seu próprio poder e de como acessá-lo.
O que habita o seu coração é o que o define.

Quanto maior a luz dentro de você,
mais brilhante será o mundo ao seu redor.

— 267 —

Tudo muda quando você deixa ir.

Tudo flui quando você não força.

Tudo vem quando você não espera.

Tudo se cura quando você aceita.

— 268 —

Você não pode escolher o que vai ouvir das pessoas, mas pode escolher o quanto vai se importar.

— 269 —

Que Deus nos livre de tudo aquilo que chega para roubar nossa paz, entristecer o nosso coração e enfraquecer a nossa fé.

— 270 —

Descobrir a si mesmo é como desvendar um tesouro escondido, em que cada camada revela não apenas quem somos, mas também a harmonia que conecta nossa jornada com o universo.

— 271 —

Reclamar é se ferir.

Reclamar nos fere ao manter nosso foco no negativo, perpetuando insatisfação, estresse emocional e impactando nossos relacionamentos de maneira negativa.

— 272 —

Os males mais terríveis são aqueles que cada um faz a si próprio. (Bertolt Brecht)

— 273 —

Coloque Deus acima de qualquer coisa em sua vida e Ele o colocará acima de qualquer problema.

— 274 —

Reconhecer o interior envolve explorar profundamente nossos pensamentos, emoções, valores e intuições, através de práticas como meditação, autorreflexão e atenção plena, para entender melhor a nós mesmos e nossa conexão com o universo ao nosso redor.

— 275 —

O verdadeiro amor é a capacidade de aceitar completamente o outro como ele é. (Jorge Luis Borges)

— 276 —

Um dia aprendemos que não é preciso correr atrás de quem se deseja.
A vida traz quem merecemos.

— 277 —

Libere-se das opiniões dos outros e descubra sua verdadeira voz, para viver de forma mais autêntica.

— 278 —

A vida nem sempre segue o nosso querer, mas ela é perfeita naquilo que tem que ser.

— 279 —

Às vezes, a vida está esperando você dar o primeiro passo para lhe mostrar o resto do caminho.

— 280 —

Você é o autor da sua história. Se não estiver gostando do enredo, vire a página e comece um novo capítulo.

— 281 —

A dor irá embora assim que terminar de te ensinar. (C. S. Lewis)

A dor é uma mestra implacável, mas sua sabedoria nos guia para além do sofrimento,
rumo ao crescimento e à renovação.

— 282 —

Para o bem da sua saúde mental,
aceite sinais confusos como não.
O sim é inconfundível.
Todo resto que causa dúvidas é não. (Martha Medeiros)

— 283 —

Uma situação só se torna estressante quando você compulsivamente reage a ela. (Eckhart Tolle)

— 284 —

Quem tem coragem de fazer o bem, tem que ter sabedoria para suportar a ingratidão. (Chico Xavier)

Aprender que nem todo mundo tem o mesmo coração que você é um dos passos para evitar a frustração.
Faça o bem sem esperar nada em troca;
isso não vem da pessoa, vem de Deus!

— 285 —

Aqueles que não refletem sobre os próprios pecados acabam pensando sem cessar sobre o pecado dos outros.

(José Saramago)

— 286 —

Somente uma pessoa sábia e prudente sabe o verdadeiro poder do silêncio. O silêncio não somente ergue cidades como também destrói muralhas.

(José Saramago)

— 287 —

Aquele que está sempre satisfeito, embora tenha tão pouco, é muito mais feliz do que aquele que está sempre a cobiçar mesmo tendo tanto. (Leon Tolstói)

— 288 —

Muitas vezes Deus não muda as circunstâncias, para que as circunstâncias mudem você. (Ruth Graham)

— 289 —

Todo mundo pode duvidar de você, menos você.

Todo mundo pode desistir de você, menos você.
(Mário Quintana)

Amor próprio é estar sozinho em casa, e ter a certeza de estar na melhor das companhias. (João de Andrade)

— 290 —

Cada dificuldade superada é um passo a mais rumo ao seu melhor eu. Não desista, pois é nas adversidades que a força e a coragem florescem.

— 291 —

Eu a amava tanto que em vez de flores eu dei a ela livros, porque as flores duram alguns dias, mas um bom livro é para toda vida. (Machado de Assis)

— 292 —

São necessários dois anos para aprendermos a falar, e sessenta para aprendermos a calar.
(Érico Veríssimo)

A sabedoria está em saber quando falar e quando calar, pois cada palavra tem o poder de construir ou destruir.

— 293 —

Entender que a vida é feita de ciclos faz com que você fique em paz com tudo que chega e com tudo que se vai.
(Lao-Tzu)

— 294 —

A melhor resposta para a raiva é o silêncio.
(Mahatma Gandhi)

— 295 —

Não espere que a vida seja generosa com você, se você não é grato pelo que ela já está lhe dando todos os dias.

Use a gratidão como um manto, e ela irá alimentar cada canto da sua vida. (Luzia Nascimento)

— 296 —

Os fracos usam a violência, os fortes, suas ideias.
(Sócrates)

— 297 —

Quando você está pronto, o universo te mostra o que os outros ainda não estão vendo. (Lao-Tzu)

— 298 —

Pois o que verdadeiramente importa não é o poder ou o renome que se conquista, mas a bondade e a compaixão que se espalha pelo mundo.

(Albert Einstein)

— 299 —

Quem cura todas as feridas não é o "tempo".

É a sabedoria. (Mário Quintana)

— 300 —

Nada sucede ao homem que sua natureza não seja capaz de suportar. (Marco Aurélio)

— 301 —

Você pode sim mudar a sua vida para melhor, basta se conectar com a abundância do universo que está sempre disponível!

— 302 —

Abraão esperou vinte anos.

José, dezessete anos.

Davi, treze anos.

Então quem somos nós para questionar o tempo de Deus e querer que tudo se resolva no nosso meu tempo?

Às vezes, é tudo uma questão de saber esperar, porque o que é valioso demora a ser conquistado.

Nosso tempo é limitado e passageiro, enquanto o de Deus é eterno e imutável, nos chamando a confiar no que está além da nossa visão imediata.

— 303 —

Quando a mente está quieta, a verdade tem a chance de ser ouvida, na pureza do silêncio. (Mahatma Gandhi)

— 304 —

Se precisar forçar, é porque não é do seu tamanho.

Isso serve para anéis, sapatos, amizades e relacionamentos.

— 305 —

Temos duas vidas.

A segunda começa quando percebemos que só temos uma. (Confúcio)

— 306 —

Humildade não o faz melhor que ninguém, mas o faz diferente de muitos.

A humildade é valiosa porque permite aprendizado contínuo, empatia verdadeira e a construção de relacionamentos positivos e resilientes.

— 307 —

Nossos atos demonstram a proximidade ou a distância que vivemos da lei divina.

Atos como praticar a bondade, a justiça, o perdão e o amor ao próximo nos aproximam da lei divina.

— 308 —

E de repente, num dia qualquer, acordamos e percebemos que já podemos lidar com aquilo que julgávamos maior que nós mesmos.

Não foram os abismos que diminuíram, mas nós que crescemos.

(William Shakespeare)

— 309 —

Somente quando estiver além do conteúdo da mente pode realmente ser você mesmo.

Para transcender os pensamentos cotidianos, pratique meditação, explore a espiritualidade, conecte-se com a natureza, envolva-se profundamente em atividades criativas ou físicas e busque experiências que expandam a consciência além da mente.

— 310 —

Algum dia, torturado pela realidade externa, desesperado de ter visto tudo e encontrado nada, você está fadado a olhar para dentro.

— 311 —

Sobre maturidade.

Nem tudo precisa ser dito.

Nem tudo deve ser compartilhado.

Nem tudo merece ser respondido.

(Martha Medeiros)

— 312 —

Cuidado com as pequenas despesas, pois um pequeno vazamento pode afundar um grande navio. (Benjamin Franklin).

Rico é quem gasta menos do que ganha; pobre é quem gasta mais do que ganha. (Benjamin Franklin)

Para enriquecer financeiramente, foque em educação financeira, estabeleça metas claras, controle seus gastos, busque aumentar sua renda, diversifique seus investimentos, reduza dívidas, planeje sua aposentadoria, mantenha uma reserva para emergências e seja persistente e disciplinado em suas estratégias financeiras.

— 313 —

Mais valioso do que obter o que você deseja é saber que você pode ser feliz, independentemente de conseguir ou não. (Eckhart Tolle)

— 314 —

Não é o mais forte que sobrevive, nem o mais inteligente, mas o que melhor se adapta às mudanças. (Charles Darwin)

— 315 —

A flor enche o espaço com perfume, a vela, com luz. Elas não fazem nada, porém mudam tudo, pela simples presença. (Mário Quintana)

— 316 —

Devemos ter cuidado para não acreditar nas coisas só porque queremos que sejam verdadeiras. (J. K. Rowling)

Lembre-se de que ninguém pode enganar você tão facilmente quanto a sua própria mente. (David Foster Wallace)

— 317 —

O segredo para viver bem e por mais tempo é: comer metade, caminhar o dobro, rir o triplo e amar sem medida.

— 318 —

Você começa a viver melhor quando compreende que aquilo que está dentro de ti reflete em tudo que está fora.

Quando você muda, o universo muda. (Lao-Tzu)

— 319 —

Não confie no que aprendeu, no que pensa, no que acredita, no que espera.

Confie no silêncio do seu ser. (Osho)

— 320 —

O heroísmo do buscador está em rejeitar os sussurros da felicidade imediata e viver nobremente cumprindo seus deveres maiores. (Chico Xavier)

— 321 —

O verdadeiro equilíbrio mental consiste em não permitir que a mente reaja aos estímulos externos. (Viktor Frankl)

O sábio luta contra seu próprio ego, enquanto o tolo luta contra os egos dos outros. (Buda)

Olhe para trás e veja quantas tempestades você venceu, não ouse desistir agora! (Augusto Cury)

— 322 —

Se o que você tem parece insuficiente, mesmo que possua o mundo, você ainda será miserável. (Epicuro)

— 323 —

Confiança não é sobre acreditar que vão aplaudir você.

Confiança é sobre você não precisar que aplaudam. (Marilyn Monroe)

— 324 —

O caminho não está no céu.

O caminho está no coração. (Buda)

— 325 —

Resiliência.

É passar por momentos difíceis e não perder a fé.

É entender que tudo tem o seu tempo e nada acontece por acaso.

É tirar lições de tudo o que acontece. É entender que Deus está no controle de todas as coisas.

É orar e confiar que tudo dará certo.

— 326 —

Deixe ir... Amor não é ter que convencer alguém a permanecer. Amor é quando alguém na sua liberdade escolhe ficar. (Vitor Hugo)

— 327 —

Trate as pessoas com respeito e bondade, como você gostaria de ser tratado.

É tolice tratar os outros com desprezo; o homem prudente prefere ficar calado. (Confúcio)

— 328 —

O relógio de Deus nunca se atrasa. No seu tempo, tudo irá se cumprir. Não esteja ansioso ou preocupado; Deus te honrará. (Guilherme Ferreira)

— 329 —

Antes de diagnosticar a si mesmo com depressão ou baixa autoestima, primeiro tenha certeza de que você não está, de fato, cercado por idiotas. (Sigmund Freud)

— 330 —

Correr riscos é melhor do que passar o resto da vida arrependido por não ter tentado. (Jack Canfield)

— 331 —

Se você não construir seu sonho, alguém vai contratar você para ajudar a construir o dele. (Tony Gaskins)

— 332 —

Não busque uma princesa que precisa ser salva.

Procure uma rainha que esteja disposta a lutar ao seu lado. (Rupi Kaur)

— 333 —

Se a vida não ficar mais fácil, trate de ficar mais forte.

Não coloque limites em seus sonhos; coloque fé.

— 334 —

Este é um compromisso que todos devem assumir: Sempre faça parte da solução, não parte do problema.

— 335 —

Os sábios são os que mais buscam a sabedoria. Os tolos pensam tê-la encontrado.

(Sócrates)

— 336 —

Tenho mais de cem cicatrizes no coração, e nenhuma delas veio de um inimigo.

(Mário Quintana)

— 337 —

Somos estrelas cobertas de pele.

A luz que buscas já está dentro de você.

(Rumi)

— 338 —

A mãe Terra é tão generosa e efervescente. Se lhe dermos a oportunidade, ela restaurará tudo em absoluta abundância e beleza.

(John O'Donohue)

Proteger a mãe Terra é proteger o futuro.

Como filhos da mãe Terra, devemos lembrar que nossa sobrevivência está intrinsecamente ligada à saúde do planeta. (Dalai Lama)

— 339 —

A única maneira de entender a mudança é mergulhar nela, mover-se com ela e entrar na dança. (Alan Watts)

— 340 —

A vida é feita de capítulos, um capítulo ruim não quer dizer que a história acabou.

— 341 —

Nunca diminua o universo que existe em você por causa de alguém que não sabe admirá-lo.
(Augusto Cury)

— 342 —

Coisas incríveis acontecem quando a gente diz:
"Deus, seja feita a tua vontade". (Chico Xavier)

— 343 —

A mudança não é o fim da vida.

Mas, muitas vezes, é o começo de uma nova etapa. Quem não está disposto a mudar, não cresce.

Não tenha medo de mudar, ouse crescer.

— 344 —

Se você se voltar para dentro, encontrará um espaço onde há solução para tudo. (Lao-Tzu)

— 345 —

Quando me afastei de todos e ninguém me procurou, foi aí que eu entendi tudo.

— 346 —

A tristeza é causada pela inteligência: quanto mais você entende certas coisas, mais você gostaria de não compreendê-las. (Fernando Pessoa)

— 347 —

Se você está constantemente enfrentando novas situações, isso significa que está vivendo uma vida de crescimento e de grandes possibilidades.

(Roy T. Bennett)

— 348 —

Por que a pessoa ajuizada é sábia?

É porque ela sabe o que faz.

Por que será que o tolo não tem juízo?

É porque ele apenas pensa que sabe o que faz. (Sêneca)

— 349 —

Você não consegue mudar ninguém.

Você pode dialogar, aconselhar, ensinar, mas a pessoa só muda se ela quiser.

— 350 —

Feliz aquele que desistiu de mudar os outros e investiu seu tempo lapidando a si mesmo. (Mahatma Gandhi)

— 351 —

É impossível haver progresso sem mudanças, e aqueles que não conseguem mudar suas mentes, nada mudam.

(George Bernard Shaw)

— 352 —

Uma vez minha mãe me disse.

Se não houver ninguém para segurar a sua mão, coloque-as no bolso e continue sua caminhada sozinho. Há momentos na vida em que é só você e Deus e acredite, é o suficiente.

— 353 —

Tudo acontece no momento certo.

Não espere que aconteça, não torça para que aconteça, só faça valer a pena quando acontecer.

— 354 —

A felicidade de sua vida depende da qualidade de seus pensamentos.

(Marco Aurélio)

— 355 —

Pare de querer ter sucesso da noite para o dia, confie na sua visão e tenha paciência.

Paciência é aprender a esperar o momento certo, enquanto você trabalha silenciosamente em seus sonhos.

— 356 —

A energia flui para onde o foco vai!

(Tony Robbins)

— 357 —

Rezar é falar com o universo.
Meditar é escutá-lo.

— 358 —

Se você é exuberante, alegre e maravilhoso,
seu sistema imunológico funcionará muito
melhor do que quando você está preocupado.
A totalidade da vida é saúde.
(David Hawkins)

— 359 —

Em vez de buscar um fardo mais leve, cultive um coração mais forte para enfrentar qualquer carga com determinação e resiliência.

— 360 —

Acredite em si mesmo e em sua capacidade, isso o ajudará a criar seu próprio futuro.

— 361 —

Aceitar que as coisas nem sempre acontecem como desejamos é essencial para cultivar a serenidade interior e se adaptar positivamente às mudanças da vida.

— 362 —

É durante uma crise que a verdadeira essência de um ser humano se manifesta, evidenciando seu valor intrínseco.

— 363 —

Eu não vim para te ensinar, eu vim te amar.
O amor te ensinará. (Rubem Alves)

— 364 —

Você é seu próprio professor.

Buscar professores não resolverá suas dúvidas.
Investigue a si mesmo para encontrar
a verdade dentro, não fora. (Buda)

— 365 —

Se procuras certezas naquilo que na realidade é incerto,
estás destinado a sofrer.

— 366 —

Primeira regra da saúde mental: aprender a distinguir.

Quem merece uma explicação, quem merece apenas uma
resposta e quem não merece absolutamente nada.
(Pedro Bial)

— 367 —

Nós nos transformamos naquilo que
praticamos com frequência.

A perfeição, portanto, não é um ato isolado. É um hábito.
(Aristóteles)

— 368 —

Se não é uma das coisas que você controla, esteja pronto
para reagir dizendo: então não é da minha conta.
(Epicteto)

— 369 —

O ser humano é o único animal que come sem ter fome,
bebe sem ter sede e fala sem ter o que dizer.
(Mark Twain)

— 370 —

Não espere esperando, espere vivendo.

O que for teu, te encontrará!

— 371 —

A verdadeira vitória está em não desistir, mesmo quando o caminho se torna mais difícil do que imaginávamos.

A vida pode nos derrubar, mas é a nossa determinação em levantar que define quem realmente somos.

— 372 —

Valorize aqueles que brigam na intenção de ver mudança em você, porque a pessoa que quer te levar à ruína, até teus erros elogia.

— 373 —

Daqui a vinte anos, as únicas pessoas que vão lembrar que você trabalhou até tarde serão seus filhos.

— 374 —

Nunca enganes a ninguém. A vida é grande cobradora e exímia retribuidora.

O que fazes aos outros sempre retornará a ti.

(Chico Xavier)

— 375 —

A maldade de Judas não alterou o caráter nem a bondade de Jesus.

(Papa Francisco)

— 376 —

O único fardo que você já teve na sua vida foi a sua própria mente. (Buda)

— 377 —

A sua mente é tão poderosa que, quando ela é tomada por pensamentos positivos, a sua vida muda.

O pensamento positivo é uma força transformadora que eleva o espírito, fortalece a mente e atrai possibilidades promissoras para a vida.

— 378 —

Quem vive de mentiras nunca saberá o valor de uma verdade! (Mahatma Gandhi)

— 379 —

Visualize seus objetivos com clareza e deixe que sua determinação os atraia até você. (Tony Robbins)

— 380 —

Enquanto Saul usava a coroa sem Deus, Deus usava Davi sem coroa. Intimidade com Deus sempre valerá mais do que qualquer cargo ou posição. (Augusto Cury)

— 381 —

Se você é capaz de trair quem confia em você, de fechar os olhos e dormir ao seu lado, você não é digno de confiança de ninguém! (Fábio de Melo)

— 382 —

Todos procuramos o amor, em nossa confusão, até encontrarmos o caminho de volta à compreensão de que o amor é o que já somos. (Sri Prem Baba)

— 383 —

Quando pensar em desistir,
lembre-se do que te fez começar.

Nunca desista, pois a persistência
é a chave para alcançar o impossível.

(Júnior Figueiredo)

— 384 —

Aquele que compreende a verdade da natureza mental do universo está bem avançado no caminho do domínio.
(James Allen)

— 385 —

Eu quero me tornar tão estável financeiramente a ponto de Deus usar meus bolsos para abençoar os outros.
(Augusto Cury)

Generosidade é o ato que ilumina tanto o destinatário quanto o doador. (César Aira)

— 386 —

Quando ficar triste, lembre-se de quatro coisas.

Deus existe!

Tudo passa!

Ele te Ama!

Você vai vencer!
(André Valadão)

— 387 —

Considere quando você estiver muito irritado ou triste, que a vida é apenas um momento precioso que devemos viver intensamente. (Chico Xavier)

— 388 —

A vida toma um novo rumo quando você se coloca como prioridade. (Augusto Cury)

— 389 —

E aqueles que foram vistos dançando foram considerados loucos por aqueles que não podiam ouvir a música.

(Friedrich Nietzsche)

— 390 —

Somente quando temos coragem suficiente para explorar a nossa escuridão, descobrimos o poder infinito da nossa própria luz. (Brené Brown)

— 391 —

Quando Alexandre, o Grande estava morrendo, ele chamou seus generais e disse-lhes seus três desejos finais: somente os melhores médicos devem carregar meu caixão; espalhar minha riqueza no caminho para o cemitério; e deixar minhas mãos penduradas ao vento para todo mundo ver.

Seus generais ficaram chocados e pediram que ele explicasse.

Alexandre respondeu.

Quero que os médicos carreguem meu caixão para mostrar que mesmo os melhores médicos são impotentes para curar diante da morte.

Eu quero a estrada espalhada com minha riqueza para que todos possam ver que as riquezas obtidas na terra ficarão na terra.

Quero que minhas mãos balancem livremente ao vento para que as pessoas entendam que nascemos de mãos vazias e partimos de mãos vazias.

A verdadeira riqueza do homem está no bem que ele faz aos seus semelhantes.

— 392 —

Você não deve se relacionar com uma pessoa pelo que você sente por ela, mas sim, pela forma que ela faz você se sentir. (Mário Quintana)

— 393 —

A verdadeira dignidade está em ser fiel a si mesmo, mesmo quando ninguém está olhando. (Platão)

— 394 —

As perdas que enfrentamos serão insignificantes diante das bênçãos que Deus nos reserva. (Augusto Cury)

— 395 —

Quando não der para provar a verdade, cale a boca e não brigue. Deus é perito em fazer justiça. (Chico Xavier)

— 396 —

O que fazemos agora ecoa pela eternidade. (Marco Aurélio)

A vida é curta, mas a eternidade é longa. Não brinque com sua alma. (Augusto Cury)

— 397 —

Cada dia é uma nova oportunidade para se tornar uma versão melhor de si mesmo.

Os desafios são degraus para o sucesso; suba cada um com determinação.

Acredite no seu potencial, porque é ele que transforma sonhos em realidade.

— 398 —

Ria tanto quanto você respira.

Ame tanto quanto você vive. (Walt Disney)

— 399 —

Não se opor ao erro é aprová-lo,
não defender a verdade é negá-la.
(Mahatma Gandhi)

— 400 —

A dor faz você mais forte.

O medo faz você mais corajoso.

A paciência faz você mais sábio.

— 401 —

Torne-se tão confiante em quem você é que a opinião ou a rejeição de alguém não o afete. (Mandy Hale)

Ter confiança em si mesmo é conquistar a chave para abrir todas as portas. (Fernando Pessoa)

— 402 —

O importante em uma oração não é o tempo que ela dura, e sim a sinceridade que ela carrega.

(Mahatma Gandhi)

— 403 —

Minha energia é meu amuleto, a força que guia meus passos e ilumina meu caminho.

A energia positiva que emanamos atrai bem-estar e prosperidade, moldando uma vida mais harmoniosa e gratificante.

— 404 —

Não adianta se preocupar com o externo.

Você não tem controle sobre isso.

Sua única responsabilidade
nessa vida é descobrir quem você é.

(Sri Nisargadatta Maharaj)

— 405 —

A verdadeira evolução espiritual
está em encontrar paz interior e se conectar com
o propósito mais elevado da vida.

A paz interior é a maior vitória
que o homem pode alcançar.
(Bezerra de Menezes)

Se você escolheu evoluir,
se prepare para se despedir de muita gente.
(Sri Prem Baba)

— 406 —

Foi o orgulho que transformou anjos em demônios, mas é a humildade que faz de homens anjos.
(Santo Agostinho)

— 407 —

Tenha paciência, tudo é um processo. O primeiro passo não te leva aonde você quer ir, mas te tira de onde você não quer mais estar. Tenha coragem!

— 408 —

O que importa não é o que acontece, mas como você reage. Foque na solução! A solução está sempre ao alcance de quem persiste e busca além dos obstáculos.

— 409 —

Todo recomeço traz consigo a
promessa de novas possibilidades.

Aceite o que passou, aprenda com suas experiências e construa, com sabedoria, o futuro que deseja viver.

— 410 —

Você também pode cometer
uma injustiça ao não fazer nada.

Se não vai ajudar a remar, pule do barco.
(Eduardo Galeano)

Às vezes, não agir pode ser tão injusto quanto agir de maneira errada. Se não estiver disposto a contribuir, é melhor sair do caminho.

— 411 —

É impossível haver progresso sem mudança, e aqueles que não conseguem mudar sua mente, nada mudam.

(George Bernard Shaw)

— 412 —

Os ciclos terminam para que coisas melhores aconteçam, só sai da nossa vida tudo aquilo que não está mais alinhado com a nossa jornada.

— 413 —

Algumas pessoas sairão da sua vida como consequência da sua evolução espiritual.

Mudanças internas atraem mudanças externas.

— 414 —

Parei de me explicar quando percebi que as pessoas entendem apenas no nível de suas percepções.
(T. Harv Eker)

— 415 —

A chave para uma vida serena é a compreensão de que algumas coisas estão sob nosso controle e outras não.
(Epicteto)

— 416 —

Acredite em si mesmo e todos os seus sonhos se tornarão realidade. (Walt Disney)

— 417 —

Não ouse roubar a minha solidão, se não fores capaz de me fazer real companhia. (C. S. Lewis)

— 418 —

As barreiras do impossível caem quando você coloca Deus no comando da sua vida. (Augusto Cury)

— 419 —

No grande livro da vida, nossas ações escrevem o legado de nossa alma.

Cultive virtudes nobres e semeie o bem ao seu redor para colher uma colheita de paz e bondade.
(Chico Xavier)

— 420 —

Não espere o dia ser bom, seja bom neste dia!
(Marcelinho Carioca)

Fazer o bem é transformar positivamente a vida de quem está ao nosso redor, espalhando luz e generosidade.

A caridade é um exercício espiritual. Quem pratica o bem coloca em movimento as forças da alma.
(Bezerra de Menezes)

— 421 —

Se você pudesse ver a energia das pessoas, não se relacionaria com qualquer pessoa.

— 422 —

À medida que você fortalece sua conexão com seu ser interior, abre-se para a sabedoria dos seus guias espirituais, encontrando inspiração renovada para seguir o seu caminho com propósito e confiança.

— 423 —

O universo está sacudindo a sua vida para que você possa despertar.

— 424 —

A paz começa quando você deixa de criar expectativas sobre o que você não pode mudar.

— 425 —

Sucesso não é a chave para a felicidade.

Felicidade é a chave para o sucesso. Se você ama o que faz, terá sucesso.

(Albert Schweitzer)

A persistência é o caminho do êxito.

(Charles Chaplin)

A única maneira de fazer um ótimo trabalho é amar o que você faz. (Steve Jobs)

Se a oportunidade não bater, construa uma porta. (Milton Berle)

— 426 —

Do conhecimento, extraímos a força para enfrentar desafios e a inspiração para transformá-los em oportunidades.

— 427 —

Felicidade é o estado de contentamento e plenitude que encontramos quando estamos em paz com nós mesmos e com o mundo ao nosso redor.

Que nada nesse mundo faça você abandonar a ideia de que você está aqui para ser feliz. (Augusto Cury)

— 428 —

O generoso prosperará; quem dá alívio aos outros, alívio receberá. (Provérbios 11:25)

— 429 —

A evolução espiritual é o processo de despertar para nossa verdadeira essência, encontrando paz interior e irradiando amor e compaixão
para o mundo ao nosso redor.

— 430 —

Um coração cheio de gratidão é um ímã para milagres. (Oprah Winfrey)

— 431 —

Nenhuma pessoa inteligente está interessada em dominar os outros.

Uma pessoa inteligente está interessada em conhecer a si mesma.

(Jiddu Krishnamurti)

— 432 —

Às vezes, você é a pessoa que mais precisa do que você oferece. (Lao-Tzu)

— 433 —

Se o passado não morrer, o futuro não nasce.

Entenda: esses dois não podem ocupar o mesmo lugar em sua cabeça. (Augusto Cury)

— 434 —

As dimensões externas da vida podem lhe trazer conforto e conveniência. Somente a dimensão interna pode trazer realização.

(Dalai Lama)

— 435 —

A gratidão é a chave para desbloquear portas que você nem sabia que existiam.

Seja grato agora mesmo!

(Marianne Williamson)

— 436 —

Quando uma pessoa entra em sua vida, é para lhe ensinar.

Quando ela sai, é porque você aprendeu.

E quando ela fica, é porque há um propósito a cumprirem juntos.

(William Shakespeare)

— 437 —

Pode demorar, mas sempre recebemos na medida exata do que oferecemos. Nada mais, nada menos do que isso.

(Lao-Tzu)

— 438 —

Se você mantiver sua mente longe de julgamentos e não for guiado pelos sentidos, seu coração encontrará paz.

(Buda)

— 439 —

Adquirir sabedoria para viver em paz e abundância envolve educação contínua, reflexão interior, conexão espiritual, relacionamentos saudáveis e práticas de gratidão, buscando equilíbrio e aprendizado constante.

— 440 —

O dia em que compreendi que só vou levar daqui o que vivo, comecei a viver o que quero levar. (Rubem Alves)

— 441 —

Às vezes, as consequências das nossas escolhas são invisíveis no momento, mas inevitáveis no futuro. (Dante Alighieri)

Todo mundo, mais cedo ou mais tarde, senta-se para um banquete de consequências. (Robert Louis Stevenson)

— 442 —

A beleza e a grandeza da vida são conhecidas apenas por alguém que está absolutamente envolvido com tudo o que é. (Jiddu Krishnamurti)

— 443 —

Se sua busca se tornar intensa o suficiente, o saber não está longe, porque o que você está buscando, afinal, está dentro de você. (Rumi)

— 444 —

O fanatismo e a inteligência nunca moraram na mesma casa. (Hannah Arendt)

— 445 —

A maior revolução acontece dentro de nós mesmos, quando decidimos ser melhores a cada dia. (Mahatma Gandhi)

Quando o poder do amor superar o amor pelo poder, o mundo conhecerá a paz.

(Jimi Hendrix)

— 446 —

Estava pensando aqui, tenho tanto para agradecer a Deus: a vida, a saúde, a força, a família. Tantas coisas boas Ele já fez por mim, tanta gente boa e cheia de luz colocou no meu caminho. Às vezes, a gente agradece pouco pelo tanto que somos abençoados por Deus.

— 447 —

Geralmente aqueles que sabem pouco falam muito, e aqueles que sabem muito falam pouco. (Platão)

— 448 —

Antes de sair de casa, diga a Deus como Moisés disse: se a tua presença não for comigo, não me deixe sair deste lugar. (Charles Stanley)

— 449 —

Chame de culpa, medo, raiva ou ódio - essencialmente, significa que seus pensamentos e suas emoções estão trabalhando contra você. (Eckhart Tolle)

— 450 —

Um dia você vai olhar para trás e ver que os problemas eram, na verdade, os degraus que te levaram à vitória. (Augusto Cury)

— 451 —

Não menospreze a si mesmo; você é a pessoa que mais precisa do seu apoio. (Louise Hay)

Seja gentil com suas palavras sobre si; sua voz interna é a mais poderosa que você ouvirá. (Maya Angelou)

— 452 —

É melhor estar sozinho do que com alguém que te faz sentir sozinho. (Richard Bach)

— 453 —

Vá firme à direção da sua meta, pois o pensamento cria, o desejo atrai e a fé realiza. (Cristiane Correa)

— 454 —

A paciência é a virtude dos sábios, pois compreendem que tudo tem o seu tempo certo para acontecer.

A vida ensina, o tempo transforma e a paciência realiza.

(Emmanuel, psicografada por Chico Xavier)

— 455 —

Se forem sábios, não discuta com eles; se forem tolos, ignore-os. (Confúcio)

— 456 —

Seja sempre a pessoa que oferece algo bom. O que os outros oferecem de volta não é sobre você, mas sim o reflexo do que elas são. (Lao-Tzu)

— 457 —

Não fique preso a algo que faz mal,
só porque um dia já foi bom. (José Saramago)

O movimento é o caminho da evolução, em que cada passo nos leva a novas descobertas e crescimento pessoal.

— 458 —

Fortaleça a sua essência e confie na sua luz interior para não ser influenciado pelas energias negativas ao seu redor.

— 459 —

Esteja preparado para seguir sozinho; nem todos que começam com você irão até o final. (Nicholas Sparks)

— 460 —

Tudo que partir de você, a você retorna. Então não há que se preocupar tanto com o que recebe, e sim, há que cuidar melhor daquilo que você dá. (Platão)

— 461 —

A má notícia é que o tempo voa.
A boa notícia é que você é o piloto.
(Michael Altshuler)

— 462 —

A espiritualidade não tem religião, não tem dogmas; é uma busca pessoal pelo significado da vida, pela conexão com o divino e pela paz interior.

— 463 —

Ninguém tira de você aquilo que Deus planejou para sua vida! Descanse e confie no Senhor; as demais coisas, Ele acrescentará.

— 464 —

Não pense sobre iluminação - olhe para suas limitações e como ir além delas. Essa é a maneira de progredir. (Eckhart Tolle)

— 465 —

Benditas as pessoas que chegam a nossas vidas e ajudam a curar nossa alma. (C. JoyBell C.)

— 466 —

É surreal quando você pede para Deus te mostrar algo, e Ele realmente te mostra.

— 467 —

Diante do bem, não pronuncies a palavra impossível. (Mahatma Gandhi)

— 468 —

Qualquer lição que você se recusar a aprender se repetirá até que você a faça! (Buda)

Comprometa-se a fazer as mudanças necessárias, pois, para evoluir, precisamos mudar e deixar para trás o que já não nos cabe mais.

— 469 —

Se algo custar a sua paz, é caro demais.

— 470 —

O que meus olhos, não veem.

A minha intuição sente!

Sentir é a linguagem do coração que nos conecta ao mundo ao nosso redor. (Fábio de Melo)

— 471 —

Eu ando devagar, mas nunca ando para trás.

A melhor maneira de prever o futuro é criá-lo. (Abraham Lincoln)

— 472 —

A preguiça anda tão devagar que a pobreza facilmente a alcança. (Benjamin Franklin)

— 473 —

Um homem sem Deus é como uma criança sozinha em um parque: ela se diverte, mas depois não sabe para onde ir. (Augusto Cury)

— 474 —

Desenvolver uma mentalidade positiva não significa que as coisas estarão sempre bem. É saber que você ficará bem, independentemente de como as coisas aconteçam. (Roy T. Bennett)

— 475 —

Cuide-se. Trate-se com amor e respeito. A maneira como você se trata está ensinando a todos ao seu redor como você deseja e merece ser tratado.

(Louise Hay)

— 476 —

Somos moldados por nossos pensamentos, nós nos tornamos aquilo que pensamos. Quando a mente é pura, a alegria segue como uma sombra que nunca vai embora.

(Buda)

— 477 —

Ou você tem uma estratégia própria, ou então é parte da estratégia de alguém. (James Clear)

— 478 —

Educar um filho para o sucesso na vida implica em criar um ambiente que valorize a transmissão de valores éticos fundamentais, como honestidade e respeito, enquanto se incentiva o desenvolvimento da autoconfiança, de habilidades sociais robustas e da capacidade de assumir responsabilidades pessoais, ao mesmo tempo em que se promove a resiliência diante dos desafios que, inevitavelmente, surgem ao longo do caminho.

— 479 —

Uma pessoa inteligente consegue resolver problemas. Uma pessoa sábia consegue evitá-los. (Albert Einstein)

— 480 —

As coisas são como elas são. A gente só sofre, porque imaginamos que elas poderiam ser diferentes. (Buda)

— 481 —

O que você precisa para tornar seu casamento bem-sucedido não é a pessoa perfeita. O que você precisa é integridade absoluta. (Zig Ziglar)

— 482 —

Para aumentar a energia mental, priorize sono de qualidade, alimentação equilibrada, exercício regular, gerenciamento do estresse, estímulo intelectual, um ambiente organizado, métodos de produtividade, e evite excessos de estímulos negativos.

— 483 —

É o dever de cada ser humano, de acordo com a sua inteligência e situação, fazer o melhor que puder por si e por todos à sua volta. (Albert Schweitzer)

— 484 —

Se você ficar calado quando algo ruim acontecer diante de seus olhos, o mal se tornará parte de você. (Mahatma Gandhi)

— 485 —

Viver é abraçar cada instante com sabedoria, amor e gratidão, deixando um legado de paz e esperança. (C. JoyBell C.)

— 486 —

Quando você acordar pela manhã, pense que privilégio é estar vivo, pensar, desfrutar, amar... (Machado de Assis)

— 487 —

Não desista só porque está difícil; as melhores coisas levam tempo, outras, o tempo leva.

Paz não é a ausência de conflitos, é administrar os conflitos em paz. (Hermann Hesse)

— 488 —

O amor que você busca em toda parte já está presente dentro de você. (Rumi)

— 489 —

O sucesso virá facilmente uma vez que você funcione com todo o seu potencial. (Zig Ziglar)

— 490 —

Quem é sábio procura aprender, mas os tolos estão satisfeitos com a sua própria ignorância. (Sócrates)

— 491 —

Quando eu falo, não estou dando um ensinamento. Só estou fazendo as pessoas terem sede de saber. Pois conhecer a si mesmo é o fundamental e o supremo. (Sócrates)

— 492 —

Minha vida tem sido assim.

Onde eu vou, Deus vai comigo. Se um dia eu não voltar, é porque eu fui com Ele! (C. S. Lewis)

— 493 —

Cuide do seu corpo, pois é nele que você vive.

A atividade física é uma jornada que fortalece o corpo, ilumina a mente e nutre a alma, cultivando valores fundamentais para a vida. (Pablo Neruda)

— 494 —

O diabo é o pai da mentira.

O diabo tece suas artimanhas nas teias das mentiras. (João 8:44)

— 495 —

Quem anda com tolo, será tolo.
Quem anda com sábio, será sábio.

(Provérbios 13:20)

— 496 —

Quem ama é paciente e bondoso.

Quem ama não é ciumento, nem orgulhoso, nem vaidoso.

Quem ama não é grosseiro, nem egoísta.

Não fica irritado, nem guarda mágoas. (I Coríntios 13:4-5)

— 497 —

Muitos vão duvidar mesmo. Quem não pode duvidar é você, afinal, o sonho é seu. Acredite! (Augusto Cury)

— 498 —

A vida não é sobre ter paz, mas, se você não conhece a paz, você nunca conhecerá a vida. (Thich Nhat Hanh)

— 499 —

Se você deixa o machado perder o corte e não o afia, terá de trabalhar muito mais.

É mais inteligente planejar antes de agir.

Um bom planejamento é o alicerce sólido que transforma visões em conquistas concretas. (Stephen Covey)

— 500 —

O que me preocupa não é o grito dos maus, mas o silêncio dos bons. (Martin Luther King Jr.)

— 501 —

Meta para a vida.

Agradecer mais e reclamar menos.

— 502 —

Não perca seu tempo se defendendo, nem tentando provar nada a ninguém. Sua consciência é seu mestre e seu guia. Só Deus sabe de suas intenções, de sua bondade e de seus defeitos.

O que importa de verdade
é o que você pensa e sabe de si mesmo.

(Mahatma Gandhi)

— 503 —

Se você quer algo que nunca teve, precisa estar disposto a fazer algo que nunca fez. (Thomas Jefferson)

— 504 —

O fundo do poço te ensina lições que o topo da montanha jamais conseguiria te ensinar.

— 505 —

Um aeroporto já viu beijos mais sinceros
que muitos casamentos.
Um hospital já viu orações mais sinceras do que muitas igrejas. (Mário Quintana)

— 506 —

Valorize quando receber presentes caros como: caráter, respeito, lealdade, consideração, honestidade, amor e companheirismo.
São coisas cada vez mais raras de encontrar.

— 507 —

Quanto mais silencioso você se torna,
mais você será capaz de ouvir.

(Ram Dass)

— 508 —

E aos poucos, a vida vai lhe mostrando por quem você deve lutar e de quem você deve desistir.

— 509 —

Não ore pedindo para dar certo.

Ore pedindo que se cumpra a vontade de Deus.

Ele fará tudo perfeito!

— 510 —

Não se esforce para ser um homem de sucesso, mas sim para ser um homem de valor. (Albert Einstein)

— 511 —

Transforme seus sonhos em objetivos, seus objetivos em planos e seus planos em ação. Persistência e dedicação são as chaves para conquistar o que você deseja.

— 512 —

Para alcançar um corpo tonificado e saudável, adote uma dieta equilibrada, pratique exercícios regularmente, cuide da hidratação e do descanso e acompanhe seu progresso com disciplina e persistência.

— 513 —

Não há problema que não possa ser solucionado pela paciência. (Lao-Tzu)

— 514 —

Não corte suas asas para ficar próximo de pessoas que não querem voar.

— 515 —

É preciso muita força para desistir do que já foi seu mundo um dia, e uma coragem maior ainda para buscar o que você merece. (Fernando Anitelli)

— 516 —

Nunca haverá uma borracha para apagar o passado, mas sempre haverá um lápis para escrever o futuro! (Luis Fernando Veríssimo)

— 517 —

Mesmo que não saibamos exatamente o que pedir ao Pai, se houver amor em nossos corações, receberemos até o que não pedirmos. (Chico Xavier)

— 518 —

Quando seus pais tentarem te ensinar algo, procure aprender, porque a vida não te ensina com o mesmo amor. (Augusto Cury)

— 519 —

Para mim, as coisas mais valiosas são de graça: paz, amor, caráter, lealdade, respeito e uma mente educada. (Mahatma Gandhi)

— 520 —

Diante das dificuldades da vida, reserve um momento para respirar fundo e refletir com clareza sobre a situação. Ajuste suas estratégias, mantenha-se firme e veja cada obstáculo com uma oportunidade para aprender, crescer e fortalecer sua resiliência, confiando em sua capacidade de superar adversidades com determinação e perseverança.

— 521 —

Se você agir sempre com dignidade, talvez não consiga mudar o mundo, mas será um mau-caráter a menos. (Mahatma Gandhi)

— 522 —

Aprenda a usar o silêncio como resposta para ofensas.
Saiba que, quando você se cala, Deus responde por você.
(Dalai Lama)

— 523 —

Desistir do que não vale a pena não é fracasso, é sabedoria. (Fernando Pessoa)

— 524 —

Resiliência.

Se você focar na dor, vai continuar sofrendo.

Se você focar no aprendizado, vai continuar crescendo.
(Carlos Drummond de Andrade)

— 525 —

Uma flecha só pode ser lançada se for puxada para trás.

Então, quando a vida te puxa para trás, com dificuldades, significa que vai te lançar para algo grande.

Apenas mantenha o foco e continue mirando.
(Ralph Waldo Emerson)

— 526 —

Enfrentar a dor com coragem e compreensão pode abrir caminho para o crescimento pessoal e para uma maior compreensão da vida.

A dor vai embora,
mas quem sentiu jamais será a mesma pessoa.

(Clarissa Pinkola Estés)

— 527 —

Não precisa ter muita coisa não. Tendo noção, bom senso e caráter já é meio caminho andado! (Mário Quintana)

— 528 —

Sorte é o que acontece quando a preparação encontra a oportunidade. (Sêneca)

— 529 —

Pare de sentar na mesa onde falam mal dos outros, porque, quando você se levanta...

Você é o tema. (Augusto Cury)

— 530 —

A maior mediunidade que uma pessoa pode desenvolver é a capacidade de amar. (Chico Xavier)

A energia do amor é a força mais poderosa do universo, capaz de mover montanhas, curar feridas e transformar vidas. (Hermann Hesse)

— 531 —

Todos estamos matriculados na escola da vida, onde o mestre é o tempo. (Rubem Alves)

Aprendemos com o tempo que a verdadeira sabedoria vem da experiência vivida, das lições aprendidas e da capacidade de evoluir constantemente.

— 532 —

Espiritualidade não é algo que se possa fazer externamente em um templo, mesquita ou igreja.

Tem que acontecer dentro de você mesmo. (Henrique Jorge)

— 533 —

A vida é um equilíbrio entre não ter pressa e não perder tempo. (Gustave Flaubert)

— 534 —

A mente é a arma mais poderosa do mundo. Mas, se não souber manuseá-la, o tiro sai pela culatra. (Jair Rodrigues)

— 535 —

Situações novas e desafiadoras são possibilidades e não problemas. O problema seria se nada de novo acontecesse com você. (Lair Ribeiro)

— 536 —

Assuntos difíceis treinam a mente.

Exercícios difíceis treinam o corpo.

Pessoas difíceis treinam o coração.

Tempos difíceis treinam o espírito.

(Augusto Cury)

— 537 —

É a sua atitude mental que o deixa feliz ou triste.

Sorrir ou sofrer depende só de você. (Jim Rohn)

— 538 —

Nem sempre o que damos é igual ao que recebemos, mas, se dermos o que somos, um dia, a vida devolve o que merecemos. (Chico Xavier)

— 539 —

A vida é muito curta para cafés fracos, amizades mornas e amores frios.

(Lao-Tzu)

— 540 —

Às vezes, pedimos a Deus que mude a nossa situação, sem saber que Ele nos colocou nessa situação para mudarmos a nós mesmos. (Augusto Cury)

— 541 —

O primeiro passo não te leva aonde você quer ir, mas te tira de onde você está.

(Billy Graham)

— 542 —

O universo não está punindo ou abençoando você.

O universo está respondendo à atitude vibracional que você está emitindo.

(Rhonda Byrne)

— 543 —

Olhe para trás para aprender.

Olhe para frente para se empolgar.

Olhe em volta para ser grato.

Olhe para dentro para se encontrar. (Lao-Tzu)

— 544 —

O silêncio é uma lição aprendida com os vários sofrimentos da vida. (Mahatma Gandhi)

O silêncio é a ponte que conecta nossa mente ao universo, onde podemos encontrar respostas profundas e paz interior.

— 545 —

Nunca troque o caráter de uma pessoa pela beleza de outra. A beleza um dia acaba, e o caráter permanece para sempre. (Augusto Cury)

— 546 —

Minha intuição nunca falha,
sou eu que falho quando não a ouço.
(Paulo Coelho)

— 547 —

Dedique o resto de sua vida a progredir.

A evolução diária é o caminho para nos tornarmos versões mais conscientes, compassivas e realizadas de nós mesmos, aproveitando cada oportunidade para crescer e contribuir positivamente no mundo.
(Lao-Tzu)

— 548 —

No mundo onde tudo tem preço, quase nada tem valor, e as poucas coisas com valor, poucos sabem valorizar.
(Mahatma Gandhi)

— 549 —

Quem é fiel no pouco é fiel no muito, e quem é desonesto no pouco também é desonesto no muito.
(Jesus Cristo)

— 550 —

De tudo que gastamos, o mais caro é o tempo.
(Antoine de Saint-Exupéry)

O tempo é o recurso mais valioso que possuímos; ele não pode ser guardado, apenas vivido. Use-o com sabedoria, pois cada segundo perdido é uma oportunidade que nunca mais retornará.

O tempo é a moeda da sua vida. É a única moeda que você tem, e só você pode determinar como ela será gasta. Tenha cuidado para não deixar que outras pessoas a gastem por você. (Carl Sandburg)

— 551 —

Bendita seja a crise que te faz crescer, a queda que te faz olhar para o Céu, e problemas que te fazem buscar a Deus. (Paulo Coelho)

— 552 —

Às vezes, a nossa vida não vai para frente por causa da nossa boca; contamos demais para quem não devia saber de nada. (Fábio de Melo)

— 553 —

A virtude básica de um ser humano é a de ser verdadeiro consigo mesmo. Integridade de pensamento, emoção e ação.
(Jiddu Krishnamurti)

— 554 —

Na vida, o melhor professor é o erro.
Ele cobra caro, mas ensina bem.

(Paulo Coelho)

— 555 —

Uma vez que você deixa seu passado decidir como vive o presente, você destrói seu futuro. (Tony Robbins)

— 556 —

Pensamentos e emoções vêm da mesma fonte. Os pensamentos são as expressões secas da mente, as emoções são suculentas. A maneira que você pensa é a maneira que você sente. (Sadhguru)

— 557 —

Economize em palavras se
quiser que elas sejam poderosas.

Em muitas situações, o silêncio vale ouro, e a palavra, prata. Saber quando falar e quando calar é a verdadeira arte da sabedoria.

— 558 —

Quando o discípulo está pronto, o mestre aparece.

— 559 —

Foque nos seus objetivos, faça o seu melhor, não faça mal a ninguém, ajude sempre que for possível, cuide da sua saúde, e o restante, deixe com Deus.

Você será muito feliz! (Chico Xavier)

— 560 —

Dois elementos devem ser erradicados de uma vez por todas: o medo do sofrimento futuro e a lembrança do sofrimento passado. (Sêneca)

— 561 —

Amar é dar a alguém o poder de te destruir, confiando que essa pessoa não fará isso. (Bob Marley)

— 562 —

A espiritualidade não é privilégio dos pobres
nem luxo dos ricos.
É a escolha da pessoa sábia. (Chico Xavier)

— 563 —

As amizades que te afastam de Deus te aproximam do teu inimigo. (Fábio de Melo)

— 564 —

Escravo dos desejos efêmeros, o homem busca incessantemente a gratificação imediata, ignorando que a verdadeira liberdade vem do controle sobre os próprios impulsos.

O sábio domina seus desejos, encontrando paz e equilíbrio através da sabedoria que transcende as tentações passageiras da vida.

— 565 —

Você pode escolher viver em dois mundos.

Um em que o milagre não existe.

E outro em que tudo é um milagre! (Augusto Cury)

— 566 —

Pobres daqueles que só amam corpos, formas e aparências. A morte levará tudo deles. Procure amar almas, você as encontrará de novo. (Chico Xavier)

— 567 —

Forte não é ser imune à dor, mas seguir em frente, apesar de senti-la.

(Clarice Lispector)

— 568 —

Não discuta com pessoas que, antes mesmo de você dizer algo, já decidiram o que querem entender. (Augusto Cury)

— 569 —

Paciência não é aguentar até não poder mais e explodir.

Paciência é a arte de se liberar de cargas emocionais dispensáveis para manter o estado de paz. (Ana Jácomo)

— 570 —

A felicidade não depende do que você tem ou de quem você é, depende apenas do seu modo de pensar. (Buda)

— 571 —

Precisamos evoluir e entender que pensar diferente não nos torna inimigos. (Mário Sérgio Cortella)

— 572 —

O sol nasce para todos, mas a sombra é para quem planta. (Raul Seixas)

— 573 —

Considere como é difícil mudar a si mesmo e você compreenderá as poucas chances que tem de conseguir mudar os outros. (Mahatma Gandhi)

— 574 —

Há um momento em que as palavras se tornam inúteis, e o silêncio começa a cantar. (Mário Quintana)

O silêncio é poderoso porque permite reflexão profunda, comunicação eficaz e criação de conexões genuínas, além de promover a criatividade e reduzir o estresse.

—575 —

As pessoas não querem ouvir a sua opinião. Elas querem ouvir a opinião delas saindo da sua boca. (Augusto Cury)

— 576 —

Tempos difíceis constroem pessoas fortes. (Franklin D. Roosevelt)

— 577 —

Não importa que você vá devagar, contanto que você não pare. (Confúcio)

— 578 —

Aos outros, dou o direito de ser como são. A mim, dou o dever de ser cada dia melhor. (Chico Xavier)

— 579 —

Quando não for alinhado com seu propósito divino, simplesmente não existirá paz entre você e sua escolha.

A constante desconexão e confusão será a confirmação de que aquilo não deveria fazer parte do seu caminho. (Victor Hugo)

— 580 —

Só os que se arriscam a ir longe são capazes de descobrir o quão longe se pode ir. (T. S. Eliot)

— 581 —

A mais importante decisão que você tem a tomar todos os dias é para quais pensamentos vai dar a sua atenção. (James Clear)

— 582 —

Escuta e serás sábio.

O começo da sabedoria é o silêncio. (Pitágoras)

— 583 —

Terapia não é só para tratar suas feridas.

É também para você não machucar os outros. (Augusto Cury)

— 584 —

Alimente sua fé, e todos os seus medos morrerão de fome. (Mahatma Gandhi)

— 585 —

A maldade é como uma carta com o nome e endereço do remetente. Mais cedo ou mais tarde, ela volta para quem a enviou. (Chico Xavier)

— 586 —

Liberdade não é ter o que você deseja,
mas controlar seus desejos. (Platão)

— 587 —

Quando você não espera nada de ninguém, você vive muito melhor. (Augusto Cury)

— 588 —

A vida é construída nos sonhos e concretizada no amor. (Carlos Drummond de Andrade)

— 589 —

Nunca pague o mal com o mal.
Se a pessoa o feriu, lhe fez algo ruim, ela está plantando para ela mesma, e um dia, irá colher. Se a pessoa não tiver um coração tão bom quanto o seu, não é culpa sua, apenas ore por ela e perdoe. Não permita que a escuridão roube a sua luz. (Mahatma Gandhi)

— 590 —

Não espere que as circunstâncias mudem, seja a mudança que você deseja ver. Não espere pelo momento perfeito, crie-o com suas próprias ações e determinação. Acredite em si mesmo, persista com coragem e transforme cada desafio em uma oportunidade de crescimento. Você é capaz de superar qualquer obstáculo e alcançar seus sonhos, desde que tenha fé, antes de tudo, em você mesmo. (Mahatma Gandhi)

— 591 —

Se você soubesse o quão poderoso é seu cérebro,
nunca mais pensaria negativo.
(Louise Hay)

— 592 —

Os pensamentos se intrometem como convidados
indesejados em uma festa.
Ignorados e não alimentados, eles partem.
(Elizabeth Gilbert)

— 593 —

Sabedoria e compaixão devem se tornar as influências dominantes que guiam nossos pensamentos, nossas palavras e nossas ações. (Dalai Lama)

— 594 —

Quando você estiver em um lugar pensando em outro lugar, você não está em lugar nenhum.
(Jon Kabat-Zinn)

— 595 —

O pior sentimento é o rancor.

O maior erro é desistir.

O melhor presente é o perdão.

A maior força é a fé.

A coisa mais linda do mundo é o amor.

(Chico Xavier)

— 596 —

A vida é uma peça de teatro que não permite ensaios. Por isso, cante, ria, dance, chore e viva intensamente, antes que a cortina se feche e a peça termine sem aplausos. (Charles Chaplin)

Você nasce sem pedir e morre sem querer. Aproveite a vida! (Mário Quintana)

Viva a vida com entusiasmo e sabedoria: mergulhe de cabeça em novas experiências, ria sem motivo, ame sem reservas e nunca perca a capacidade de se maravilhar. Cada dia é uma chance de criar memórias inesquecíveis!

— 597 —

O sentido da vida é estar vivo.
É tão claro, tão óbvio e tão simples.
Mesmo assim, todo mundo não para de correr em pânico, como se fosse necessário conseguir alguma coisa além de si próprio. (Clarice Lispector)

— 598 —

Sozinho: cuide dos seus pensamentos.
Em grupo: cuide do seu comportamento.
Com raiva: cuide das suas palavras.
Nos desafios: cuide das suas emoções.
No sucesso: mantenha a sua humildade.
(Chico Xavier)

— 599 —

Ensinar uma criança a não pisar em uma lagarta é tão importante para a criança quanto para a lagarta. (Bertolt Brecht)

— 600 —

Sua mente deve ser o lugar mais confortável e seguro. Todo o resto depende desse equilíbrio.
Fortaleça sua mente para que seja seu porto seguro em todas as marés da vida. (Augusto Cury)

— 601 —

A sabedoria é o verdadeiro ouro. (Nicolas Flamel)

O conhecimento é a chave para a verdadeira sabedoria. (Cornelius Agrippa)

O conhecimento amplia nossa compreensão do universo e das complexidades da vida, enquanto a sabedoria nos guia a aplicar esse entendimento de maneira ética e eficaz. Para conquistar ambos, é essencial cultivar uma sede incessante por aprendizado, refletir profundamente sobre as experiências vividas e estar sempre disposto a ouvir e aprender com as perspectivas dos outros.

— 602 —

Pensamentos são sementes da mente. Plante positividade, regue com esperança e colha os frutos de uma vida abundante.
Evitar todo o mal, cultivar o bem, é purificar a própria mente. (Buda)

— 603 —

É necessário que o ser humano se empenhe na união da mente com o coração.
Só assim, será possível amar com inteligência e pensar com amor. (Chico Xavier)

Órgãos Afetados pelas Emoções

Tristeza

Pele

Intestino grosso

Pulmão

Nariz

Medo

Ossos

Cabelos

Rim e bexiga

Orelhas

Preocupação

Músculos

Estômago

Pâncreas

Boca

Ansiedade

Intestino delgado

Artérias e vasos

Coração

Língua

O homem não é perturbado pelas coisas, mas pelos pensamentos que tem sobre elas. Controle sua mente e você estará no controle de tudo! Sua mente é a sua força!

Como lidar com sentimentos e emoções com sabedoria

Sentimentos e emoções são componentes essenciais da nossa existência, influenciando cada aspecto de nossas vidas. A maneira como lidamos com eles pode determinar nosso bem-estar e qualidade de vida. A sabedoria em relação às emoções não está apenas em gerenciá-las, mas também em compreendê-las e integrá-las de maneira equilibrada e construtiva.

1. Reconheça e aceite suas emoções

O primeiro passo para uma gestão sábia das emoções é reconhecer e aceitar o que você está sentindo. Muitas vezes, tentamos esconder ou minimizar nossas emoções para evitar desconforto. No entanto, a aceitação é fundamental para o processo de cura e compreensão. Ao aceitar suas emoções, você permite que elas se manifestem e sejam tratadas adequadamente.

2. Pratique a auto-observação

A auto-observação envolve prestar atenção aos seus sentimentos e suas reações sem se deixar levar por eles. Em vez de reagir automaticamente a uma emoção, observe-a. Pergunte-se: “O que estou sentindo exatamente? De onde vem essa sensação?”. A auto-observação ajuda a distinguir entre a emoção em si e a reação a ela, permitindo uma resposta mais consciente e ponderada.

3. Desenvolva a regulação emocional

A regulação emocional não significa suprimir ou ignorar sentimentos, mas sim encontrar maneiras saudáveis de expressá-los e gerenciá-los. Técnicas como a respiração profunda, a prática de *mindfulness* e a atividade física podem ajudar a manter a calma e a clareza mental. Esses métodos ajudam a criar um espaço entre a emoção e a reação, facilitando uma abordagem mais equilibrada.

4. Expresse suas emoções de forma construtiva

A expressão saudável das emoções é crucial para o bem-estar. Compartilhar seus sentimentos com amigos, familiares ou um terapeuta pode aliviar a carga emocional e proporcionar novas perspectivas. Ao expressar seus sentimentos, escolha um momento adequado e uma forma que respeite tanto a sua própria experiência quanto a dos outros envolvidos.

5. Pratique a empatia e a compaixão

Seja gentil com você mesmo. Reconheça que todos enfrentam emoções difíceis e que elas são parte da condição humana. A prática da empatia e da compaixão consigo mesmo ajuda a lidar com sentimentos de culpa ou vergonha que podem surgir ao enfrentar emoções intensas. Trate-se com a mesma compreensão que ofereceria a um amigo.

6. Aprenda com suas emoções

Cada emoção tem uma mensagem para nos transmitir. Explore o que seus sentimentos estão tentando lhe dizer e como eles podem refletir suas necessidades ou desejos mais profundos. Ao aprender com suas emoções, você pode obter *insights* valiosos sobre si mesmo e sobre as situações que enfrenta.

7. Busque equilíbrio e crescimento

Finalmente, veja o manejo das emoções como uma jornada contínua de crescimento pessoal. Cultivar uma prática regular de autorreflexão e autocuidado promove um equilíbrio emocional duradouro. A sabedoria no lidar com sentimentos está em entender que este é um processo dinâmico e evolutivo.

Ao integrar essas práticas em sua vida, você pode desenvolver uma abordagem mais sábia e equilibrada para lidar com suas emoções, promovendo um maior bem-estar e uma vida mais harmoniosa.

Práticas de *mindfulness* e meditação: conectando-se com o momento presente e gerenciando o estresse

O *mindfulness* e a meditação são práticas poderosas que ajudam a cultivar uma conexão mais profunda com o momento presente, promovendo um estado de paz interior e reduzindo o estresse e a ansiedade. Estas técnicas são eficazes para melhorar o bem-estar mental e emocional, proporcionando ferramentas para lidar com os desafios da vida cotidiana.

1. O que é *mindfulness*?

Mindfulness, ou atenção plena, é a prática de estar completamente presente e consciente no momento atual, sem julgamentos. Envolve observar os pensamentos, sentimentos e sensações corporais com uma atitude de curiosidade e aceitação. Ao focar no aqui e agora, você aprende a perceber suas experiências sem se deixar dominar por elas, reduzindo a reatividade e o estresse.

2. Técnicas de *mindfulness*

- **Respiração consciente.** Concentre-se na sua respiração, observando o fluxo do ar entrando e saindo do seu corpo. Essa prática simples pode ajudar a acalmar a mente e a trazer a atenção para o momento presente.

- **Observação dos pensamentos.** Em vez de se deixar levar pelos pensamentos, observe-os como se fossem nuvens passando pelo céu. Reconheça-os sem se envolver emocionalmente, permitindo que eles venham e vão naturalmente.
- **Atividade consciente.** Pratique *mindfulness* durante atividades diárias, como comer, caminhar ou lavar louça. Esteja plenamente presente em cada ação, apreciando as sensações e os detalhes de cada momento.

3. O que é meditação?

A meditação é uma prática que envolve dedicar um tempo para focar a mente e alcançar um estado de calma e clareza. Existem várias formas de meditação, mas todas compartilham o objetivo de promover um maior estado de consciência e relaxamento.

4. Técnicas de meditação

- **Meditação da atenção plena**. Sente-se em um lugar tranquilo, feche os olhos e concentre-se na sua respiração ou em um mantra. Quando sua mente divagar, gentilmente, traga seu foco de volta à respiração ou ao mantra.
- **Meditação guiada**. Use gravações ou aplicativos de meditação guiada que fornecem instruções e imagens mentais para ajudar a manter a mente centrada e relaxada.

- **Meditação de varredura corporal.** Deite-se confortavelmente e dirija sua atenção para diferentes partes do corpo, começando pelos pés e subindo até a cabeça. Observe as sensações em cada área, liberando a tensão à medida que avança.

5. Benefícios do *mindfulness* e da meditação

- **Redução do estresse.** Ambas as práticas ajudam a reduzir o cortisol, o hormônio do estresse, promovendo uma sensação de calma e bem-estar.
- **Aumento da clareza mental.** A meditação melhora a concentração e a capacidade de tomar decisões, ajudando a mente a ficar mais clara e focada.
- **Melhora da saúde emocional.** *Mindfulness* e meditação auxiliam na regulação das emoções, permitindo uma resposta mais equilibrada a situações desafiadoras.
- **Desenvolvimento da resiliência.** Essas práticas ajudam a construir uma base sólida de autoconhecimento e aceitação, fortalecendo a resiliência diante das adversidades.

Incorporar o *mindfulness* e a meditação na rotina diária pode transformar a maneira como você lida com o estresse e a ansiedade, promovendo uma vida mais tranquila e satisfatória. Com prática e paciência, essas técnicas podem se tornar ferramentas valiosas para manter o equilíbrio e a serenidade, mesmo em tempos de turbulência.

SEGUINDO A PAIXÃO: O VERDADEIRO CAMINHO PARA O SUCESSO

Encontrar o caminho para o sucesso é um desejo partilhado por muitas pessoas, mas a chave para atingi-lo nem sempre é clara. A sociedade, muitas vezes, define sucesso através de padrões externos, como riqueza, *status* ou poder. No entanto, a verdadeira realização está intimamente ligada à paixão. Seguir a paixão não é apenas uma questão de fazer o que se gosta, mas sim de alinhar o propósito de vida com aquilo que traz satisfação profunda, resultando numa vida de sentido e realização.

A paixão é uma força poderosa. Quando fazemos o que realmente amamos, o trabalho deixa de ser uma obrigação e passa a ser uma fonte de energia. Essa energia é essencial para superar os desafios inevitáveis que surgem ao longo do caminho. A paixão nos mantém motivados nos momentos de dificuldade e nos dá a resiliência necessária para continuar, mesmo quando os resultados não são imediatos. A dedicação apaixonada a uma causa ou objetivo transforma obstáculos em oportunidades de crescimento.

Além disso, ao seguir a paixão, criamos impacto não apenas em nossas vidas, mas também naqueles que nos rodeiam. A autenticidade e o entusiasmo são contagiantes, inspirando outros a também perseguirem os seus próprios sonhos. Pessoas que trabalham com paixão costumam se destacar não por mera competência, mas pela sua dedicação genuína. Esta autenticidade constrói confiança e abre portas que, de outra forma, poderiam permanecer fechadas.

É importante reconhecer que seguir a paixão não significa evitar o esforço ou os sacrifícios. Pelo contrário, muitas vezes, o caminho da paixão exige coragem para abandonar a segurança de uma vida confortável e abraçar a incerteza. Pode significar mudar de carreira, enfrentar a crítica de outros ou desafiar expectativas sociais. Contudo, aqueles que seguem os seus corações, invariavelmente, encontram uma sensação de paz interior, independentemente dos desafios externos.

Por fim, o verdadeiro sucesso não está numa definição única. Para uns, pode ser alcançar grandes feitos, para outros, a alegria de contribuir para algo maior. Mas, em qualquer uma das formas, o denominador comum do sucesso verdadeiro é a paixão. Quem vive com paixão, raramente, se sente insatisfeito, porque compreende que o valor da vida não está apenas no destino, mas na jornada vivida intensamente.

Conclusão

Seguir a paixão é, acima de tudo, um ato de coragem e autenticidade. É confiar na própria voz interior e ter a convicção de que, ao fazer o que amamos, o sucesso, na sua forma mais profunda e pessoal, é inevitável. Afinal, sucesso sem paixão é vazio, mas paixão, mesmo sem sucesso imediato, é sempre uma vitória.

Seja a essência divina

A essência divina é a centelha que reside em cada um de nós, a força primordial que nos conecta ao universo e a tudo o que é sagrado. É a luz que brilha intensamente em nosso interior, mesmo nos momentos mais sombrios, guiando-nos através dos desafios da vida e revelando a verdadeira natureza de nossa existência.

O espírito de luz que ilumina todas as escuridões

O espírito de luz é a manifestação pura da essência divina, a presença luminosa que dissipa todas as sombras e incertezas. É a chama eterna que nunca se apaga, mesmo diante das adversidades mais difíceis. Quando nos conectamos com essa luz interior, encontramos clareza e propósito, permitindo-nos enxergar além das aparências e compreender a profundidade de nossas experiências. A luz do espírito transcende todas as barreiras, iluminando não apenas nosso caminho, mas também o dos outros ao nosso redor.

Viver é amar, e amar é viver

Viver verdadeiramente é abraçar o amor em todas as suas formas. O amor é a expressão mais pura da essência divina, a força que nos une e nos eleva. Amar é mais do que um sentimento; é uma ação, uma escolha diária de ver o divino no outro, de cultivar a compaixão e a empatia.

Quando vivemos com amor, nossas vidas se tornam uma celebração constante da beleza e da bondade que existem no mundo. E, ao amar, encontramos a verdadeira essência da vida, um ciclo harmonioso em que viver e amar se tornam sinônimos.

Conclusão

Seja a essência divina que habita em você. Permita que o espírito de luz ilumine todas as escuridões em seu caminho. Lembre-se sempre de que viver é amar, e amar é viver. Ao reconhecer e nutrir essa verdade, você não só transforma a si mesmo, mas também o mundo ao seu redor, criando uma realidade em que a divindade, a luz e o amor são as forças predominantes.

Superando a perda de um ente querido

O ciclo da vida

A vida é um ciclo contínuo de nascimento, crescimento, envelhecimento e, inevitavelmente, morte. Desde o momento em que nascemos, somos parte desse ciclo natural que rege todos os seres vivos. A morte é uma das poucas certezas que temos na vida, e apesar de sua inevitabilidade, nunca estamos verdadeiramente preparados para ela. Quando perdemos um ente querido, a dor e o luto podem ser avassaladores, mas compreender que a morte é parte do ciclo da vida pode nos ajudar a encontrar paz e aceitação.

Entendendo a perda

Perder alguém que amamos é uma das experiências mais dolorosas que podemos enfrentar. A sensação de vazio e a saudade podem parecer insuportáveis. No entanto, é importante lembrar que o luto é um processo natural e necessário para a cura. Durante o luto, passamos por várias fases: negação, raiva, barganha, depressão e, finalmente, aceitação. Cada pessoa vivencia essas fases de maneira única, e não há um "tempo certo" para superar a perda.

Encontrando significado

Muitas vezes, buscamos um sentido para a morte de um ente querido, perguntando-nos por que isso aconteceu. Embora não possamos controlar ou entender completamente as razões por trás dessas perdas, podemos encontrar consolo ao refletir sobre a vida e o legado da pessoa que partiu. Lembrar os momentos felizes, as lições aprendidas e o amor compartilhado pode trazer conforto e ajudar a manter viva a memória do ente querido.

Aceitação e crescimento

Aceitar a perda não significa esquecer ou deixar de sentir saudade. Significa encontrar uma maneira de continuar vivendo, honrando a memória da pessoa amada. Encontre maneiras de celebrar a vida e o legado do ente querido, seja através de rituais, homenagens ou simples momentos de lembrança.

O papel da fé e da espiritualidade

Para muitas pessoas, a fé e a espiritualidade desempenham um papel crucial na aceitação da morte. Acreditar em uma vida após a morte ou em um propósito maior pode oferecer consolo e esperança. Mesmo para aqueles que não seguem uma religião específica, a conexão com a natureza, a meditação e a prática de *mindfulness* podem proporcionar uma sensação de paz e compreensão.

Apoio e comunidade

Não enfrente o luto sozinho. Procure o apoio de amigos, familiares ou grupos de apoio ao luto. Compartilhar suas emoções e experiências com outros que passaram por situações semelhantes pode ser extremamente reconfortante. Profissionais de saúde mental, como terapeutas e conselheiros, também podem ajudar a navegar pelo processo de luto.

Conclusão

A perda de um ente querido é uma das experiências mais desafiadoras da vida, mas faz parte do ciclo natural de existência. Aceitar essa realidade não elimina a dor, mas permite que sigamos em frente com resiliência e esperança. Lembrar, honrar e celebrar a vida daqueles que amamos nos ajuda a encontrar significado e propósito em meio à dor. Ao nos conectarmos com o legado deles, continuamos a vivenciar o amor e a influência que deixaram em nossas vidas.

Superando o fim de um relacionamento

Entendendo o fim

O fim de um relacionamento pode ser uma das experiências mais dolorosas e desafiadoras que alguém pode enfrentar. A separação pode trazer sentimentos de perda, rejeição, tristeza e até medo do futuro. No entanto, é importante lembrar que o fim de um relacionamento também pode ser uma oportunidade de crescimento pessoal e autodescoberta. Entender que relacionamentos terminam por várias razões, e que isso faz parte da vida, é o primeiro passo para a aceitação.

O processo de luto

Assim como na perda de um ente querido, o fim de um relacionamento também envolve um processo de luto. Passamos por várias fases, como negação, raiva, barganha, depressão e aceitação. Cada pessoa vivencia essas fases de maneira única, e não há um tempo definido para superá-las. Permita-se sentir e expressar suas emoções sem pressa, reconhecendo que é um processo natural e necessário para a cura.

Enfrentando as emoções

Aceitar e enfrentar suas emoções é crucial para superar o fim de um relacionamento. Não reprima a dor, a tristeza ou a raiva. Fale sobre seus sentimentos com amigos próximos ou familiares que possam oferecer apoio e compreensão. Escrever em um diário também pode ser uma forma eficaz de processar suas emoções e reflexões sobre o término.

Cuidando de si mesmo

Durante esse período de transição, é essencial cuidar de si mesmo tanto física quanto emocionalmente. Pratique atividades que lhe tragam prazer e bem-estar, como exercícios físicos, *hobbies*, leitura ou meditação. Manter uma rotina saudável pode ajudar a estabilizar suas emoções e proporcionar uma sensação de normalidade e controle.

Redescobrindo a si mesmo

O fim de um relacionamento pode ser uma oportunidade para redescobrir quem você é como indivíduo. Reflita sobre seus interesses, metas e sonhos que podem ter sido deixados de lado durante o relacionamento. Use esse tempo para se reconectar com suas paixões e desenvolver novas habilidades. Essa redescoberta pode ser uma fonte de força e inspiração.

Reavaliando o relacionamento

Refletir sobre o relacionamento e os motivos que levaram ao seu fim pode ser uma maneira valiosa de aprender e crescer. Pergunte-se o que funcionou e o que não funcionou, e quais lições você pode tirar dessa experiência. Essa introspecção pode ajudar a evitar padrões negativos em futuros relacionamentos e a estabelecer expectativas mais saudáveis.

Buscando apoio

Não enfrente essa jornada sozinho. Procure o apoio de amigos, familiares ou profissionais de saúde mental, como terapeutas ou conselheiros. Grupos de apoio ao término de relacionamento também podem ser um recurso valioso, proporcionando um espaço seguro para compartilhar experiências e receber apoio.

Focando no futuro

Embora seja importante refletir sobre o passado, é igualmente crucial olhar para o futuro com esperança e otimismo. Lembre-se de que o término de um relacionamento não define sua vida ou seu valor como pessoa. Novas oportunidades, relacionamentos e experiências aguardam por você. Cultive uma visão positiva do futuro e esteja aberto a novas possibilidades.

Conclusão

Superar e aceitar o fim de um relacionamento é um processo desafiador, mas também uma oportunidade para o crescimento pessoal e a autodescoberta. Permita-se sentir, cuidar de si mesmo e buscar apoio durante essa jornada. Ao redescobrir suas paixões e refletir sobre suas experiências, você pode emergir dessa transição mais forte, mais sábio e mais preparado para abraçar as novas oportunidades que a vida tem a oferecer.

A importância de nunca usar drogas

As drogas são substâncias extremamente prejudiciais que afetam tanto a saúde física quanto mental de quem as utiliza. Decidir não usar drogas é uma escolha sábia e essencial para manter uma vida saudável, produtiva e feliz. A seguir, explico detalhadamente os motivos pelos quais evitar drogas é fundamental e os impactos negativos que elas têm no corpo, mente e relações sociais.

1. Educar-se sobre os perigos das drogas

É importante saber que as drogas podem causar dependência e trazer uma série de problemas de saúde. Dependendo do tipo de droga, elas podem afetar gravemente o cérebro, provocando alterações permanentes, como a destruição de células cerebrais, dificultando a comunicação entre os neurônios e causando danos na memória, concentração e capacidade de aprender.

Além disso, algumas drogas, como a cocaína e os opioides, afetam os neurotransmissores, que são responsáveis pela nossa sensação de prazer. Isso pode levar a transtornos mentais graves, como depressão e ansiedade, e criar um ciclo de dependência, em que o indivíduo tem a necessidade de consumir a droga para se sentir "normal".

2. Escolher boas companhias

As pessoas com quem nos rodeamos têm um enorme impacto em nossas decisões. Se frequentarmos amigos que têm um estilo de vida saudável e equilibrado, é muito mais fácil nos manter longe das drogas. Estar com pessoas que valorizam atividades saudáveis e produtivas, como praticar esportes, estudar ou desenvolver *hobbies*, reduz significativamente as oportunidades de cair no uso de substâncias prejudiciais.

3. Manter-se ocupado com atividades saudáveis

Ter uma rotina ativa e cheia de atividades que promovam o bem-estar é um ótimo modo de afastar a tentação de usar drogas. Esportes, arte, música e *hobbies* são formas de relaxar, libertar o estresse e melhorar a autoestima sem recorrer a substâncias que prejudicam a saúde. Quando se envolver em atividades de que gosta, o cérebro libera hormônios que o fazem se sentir bem, como a dopamina, mas de forma natural e sem os perigos associados às drogas.

4. Aprender a dizer "não"

É essencial ter a confiança necessária para recusar quando alguém lhe oferece drogas. Pode ser difícil dizer "não", especialmente em ambientes sociais onde há pressão, mas é um ato de autocuidado. Ter uma resposta preparada, como "Prefiro me manter saudável" ou "Não estou interessado" o ajuda a se manter firme nas suas decisões.

5. Falar com alguém de confiança

Se em algum momento se sentir pressionado ou tentado a experimentar drogas, é importante partilhar os seus sentimentos com alguém em quem confia. Pode ser um amigo, um familiar ou até um conselheiro. Eles podem ajudá-lo a perceber que não precisa recorrer a drogas para enfrentar as dificuldades da vida. O apoio de pessoas queridas é fundamental para superar desafios.

6. Refletir sobre os objetivos de vida

Cada um de nós tem sonhos e metas que desejamos alcançar, seja no campo pessoal, acadêmico ou profissional. Usar drogas pode prejudicar esses objetivos, pois afeta a capacidade de tomar decisões, a produtividade e a motivação. A dependência de drogas pode arruinar carreiras, destruir relações e impedir que realize o seu verdadeiro potencial.

O Impacto das Drogas no Cérebro

O cérebro é o centro de todas as funções do corpo, e as drogas interferem diretamente no seu funcionamento. Drogas como a cocaína, o *crack* e os opioides alteram a química cerebral, interferindo na forma como os neurônios se comunicam. Isso resulta em mudanças na memória, concentração e no controle emocional. O uso contínuo pode provocar dependência, que é quando o corpo e a mente ficam tão acostumados à substância que a pessoa sente uma necessidade incontrolável de usá-la, mesmo sabendo que causa danos.

Além disso, o uso prolongado de drogas pode desencadear doenças mentais, como depressão, ansiedade e até transtornos mais graves como a esquizofrenia.

O impacto das drogas no corpo

As drogas podem afetar vários sistemas do organismo. Por exemplo:

- **Sistema cardiovascular.** Drogas estimulantes como a cocaína e as anfetaminas aumentam a pressão arterial e a frequência cardíaca, podendo provocar ataques cardíacos e derrames.
- **Sistema respiratório.** Fumar *crack* e cigarros pode causar problemas respiratórios graves, como doenças pulmonares crônicas.

- **Sistema digestivo.** O uso de álcool e opioides pode danificar o fígado, causando cirrose, úlceras e outras complicações no sistema digestivo.
- **Sistema imunológico.** O uso de drogas pode enfraquecer o sistema de defesa do corpo, tornando-o mais suscetível a infeções e doenças.

O impacto das drogas nas relações sociais e familiares

O consumo de drogas não afeta apenas o indivíduo, mas também as pessoas ao seu redor. As drogas levam frequentemente a comportamentos destrutivos, como o isolamento, a mentira, o roubo e até a violência. Esses comportamentos destroem relações de confiança e podem causar sérios danos nos laços familiares e sociais.

Pessoas que usam drogas, muitas vezes, se afastam da família e dos amigos, e isso pode piorar sentimentos de solidão e tristeza, criando um ciclo vicioso. No ambiente de trabalho ou escolar, o uso de drogas prejudica o desempenho e pode levar à perda de oportunidades importantes para a construção de uma carreira de sucesso.

Conclusão

Embora algumas drogas possam proporcionar uma sensação temporária de prazer ou alívio, os efeitos a longo prazo são devastadores e superam qualquer benefício momentâneo. Manter-se longe das drogas é fundamental para proteger a saúde física e mental, bem como para preservar os laços sociais e familiares. A melhor escolha é optar por uma vida saudável, cheia de atividades que promovem o bem-estar e a felicidade. Lembre-se de que nunca é tarde para procurar ajuda, e escolher um caminho sem drogas é um ato de amor próprio.

Superando uma falência financeira: do negativo ao positivo

Enfrentando a realidade

Superar uma falência financeira é uma tarefa árdua e, muitas vezes, desmoralizante. No entanto, é crucial enfrentar a realidade, reconhecendo a situação atual e aceitando a necessidade de mudanças significativas. Negar ou evitar a realidade só prolongará a dor e dificultará a recuperação. Comece avaliando detalhadamente sua situação financeira: liste todas as suas dívidas, despesas e fontes de renda.

Criando um plano de ação

Elabore um plano detalhado para sair da falência. Esse plano deve incluir:

1. **Orçamento rigoroso.** Crie um orçamento que elimine todas as despesas não essenciais. Foque nas necessidades básicas, como moradia, alimentação e transporte.
2. **Renegociação de dívidas.** Entre em contato com credores para renegociar prazos e taxas de juros. Muitas vezes, eles estão dispostos a colaborar para garantir que recebam algum pagamento em vez de nada.

3. **Fontes adicionais de renda.** Considere obter um segundo emprego, vender itens que não são mais necessários ou oferecer serviços baseados em suas habilidades para gerar renda extra.

Reduzindo despesas

Reduzir despesas é essencial para sair de uma crise financeira. Analise cada gasto e encontre maneiras de economizar:

- **Moradia.** Considere opções mais baratas, como mudar para um local menor ou dividir despesas com colegas de quarto.
- **Alimentação.** Planeje refeições com antecedência, compre itens em promoção e evite comer fora.
- **Transporte.** Use transporte público, ande de bicicleta ou carona para reduzir custos com combustível e manutenção de veículos.

Aumentando a renda

Aumentar a renda é fundamental para equilibrar suas finanças. Além de buscar empregos adicionais, considere as seguintes estratégias:

- ***Freelancer* e *gigs*.** Utilize plataformas *on-line* para oferecer serviços como *design* gráfico, redação, consultoria ou qualquer habilidade que possua.
- **Vendas *on-line*.** Venda itens usados em *sites* como OLX, Mercado Livre ou eBay.
- **Educação e capacitação.** Invista em cursos e treinamentos que possam aumentar suas qualifica-

ções e, consequentemente, suas oportunidades de emprego e renda.

Reestruturando dívidas

A reestruturação das dívidas pode ser uma alternativa viável para aliviar a pressão financeira. Considere as seguintes opções:

- **Consolidação de dívidas.** Unir todas as suas dívidas em um único empréstimo com uma taxa de juros menor.
- **Acordos com credores.** Negocie diretamente com credores para reduzir o saldo total ou obter prazos de pagamento mais longos.
- **Consultoria financeira.** Procure ajuda de um consultor financeiro para criar um plano de pagamento realista e obter aconselhamento profissional.

Aprendendo com a experiência

Uma falência financeira pode ser uma lição valiosa. Use essa experiência para aprender e evitar erros futuros:

- **Educação financeira.** Leia livros, participe de cursos e *workshops* sobre finanças pessoais e gestão de dinheiro.
- **Planejamento e poupança.** Desenvolva o hábito de poupar regularmente e planejar suas finanças a longo prazo.
- **Fundo de emergência.** Crie um fundo de emergência para lidar com despesas inesperadas e evitar futuras crises financeiras.

Manter a motivação

Superar uma falência financeira exige tempo, paciência e determinação. Mantenha-se motivado, celebrando pequenas vitórias e lembrando-se de que cada passo adiante é um progresso. Cercar-se de um sistema de apoio, seja através de familiares, amigos ou grupos de apoio, pode proporcionar a motivação e o encorajamento necessários para continuar.

Conclusão

Sair de uma falência financeira é um desafio significativo, mas, com um plano de ação claro, disciplina e determinação, é possível transformar uma situação negativa em uma positiva. Enfrente a realidade, corte despesas, aumente sua renda e busque aprendizado contínuo sobre gestão financeira. Com tempo e esforço, você poderá não apenas superar a falência, mas também construir uma base financeira mais sólida e segura para o futuro.

Compreendendo e Tratando a Depressão

A depressão é uma condição médica séria e complexa que afeta milhões de pessoas em todo o mundo. Caracteriza-se por sentimentos persistentes de tristeza, perda de interesse em atividades anteriormente prazerosas, mudanças no apetite e sono, além de sentimentos de desesperança e inutilidade. Esses sintomas podem variar de leves a graves e podem interferir significativamente na vida diária de uma pessoa.

Causas da depressão

A depressão não tem uma única causa identificável. Em vez disso, resulta de uma combinação de fatores genéticos, biológicos, ambientais e psicológicos. Algumas pessoas podem ser geneticamente predispostas à depressão, enquanto outras podem desenvolvê-la após eventos estressantes ou traumáticos, como a perda de um ente querido, divórcio ou problemas financeiros. Desequilíbrios químicos no cérebro, condições médicas crônicas e uso de certas substâncias também podem contribuir para o desenvolvimento da depressão.

Tratamento da depressão

Tratar a depressão eficazmente geralmente envolve uma abordagem multifacetada:

1. **Psicoterapia.** Conversar com um psicoterapeuta pode ser extremamente benéfico. A terapia cognitivo-comportamental (TCC) é uma forma particularmente eficaz de terapia que ajuda as pessoas a identificar e mudar padrões de pensamento negativos. Outras formas de terapia, como a terapia interpessoal e a terapia psicodinâmica, também podem ser úteis.
2. **Medicação.** Muitas pessoas buscam alternativas aos medicamentos tradicionais. Remédios naturais, como a valeriana, a camomila e o chá de ervas, têm propriedades calmantes que podem ajudar a aliviar os sintomas da depressão. Além disso, o uso de CBD (canabidiol) está sendo estudado por seus potenciais efeitos terapêuticos na redução da ansiedade e na melhoria do humor. É essencial consultar um profissional de saúde qualificado antes de iniciar qualquer tratamento alternativo, incluindo o uso de canabidiol, para garantir sua segurança e adequação ao seu caso específico.
3. **Estilo de vida e suporte social.** Manter uma rotina saudável é crucial. Isso inclui uma dieta balanceada, exercícios regulares e sono adequado. A atividade física, em particular, tem mostrado ter efeitos antidepressivos. Além disso, o apoio de amigos, familiares e grupos de apoio pode fornecer um alívio emocional significativo.
4. **Terapias alternativas.** Algumas pessoas encontram alívio com terapias alternativas, como acupuntura, meditação e ioga. Estas podem ser complementares aos tratamentos tradicionais e ajudar a reduzir os sintomas.

5. **Educação e autoajuda.** Aprender sobre a depressão e estratégias de autoajuda pode capacitar as pessoas a gerenciar melhor sua condição. Livros, aplicativos de saúde mental e recursos *on-line* podem fornecer informações valiosas e técnicas de enfrentamento.

Como lidar com a depressão

Lidar com a depressão requer uma abordagem compassiva e paciente. Aqui estão algumas estratégias:

- **Reconheça a doença.** Entender que a depressão é uma condição médica real e não uma falha pessoal é o primeiro passo.
- **Procure ajuda.** Não hesite em buscar ajuda profissional. Psicólogos, psiquiatras e médicos podem oferecer tratamentos eficazes.
- **Conecte-se com os outros.** O isolamento pode piorar a depressão. Conectar-se com amigos, familiares ou grupos de apoio pode fornecer uma rede de suporte.
- **Estabeleça metas realistas.** Defina metas pequenas e alcançáveis para evitar sobrecarregar-se.
- **Pratique autocuidado.** Dedique tempo a atividades de que você gosta e que promovem bem-estar, como *hobbies*, passeios ao ar livre e relaxamento.

Conclusão

A depressão é uma doença tratável, e muitas pessoas conseguem viver vidas plenas e gratificantes com o tratamento adequado. Se você, ou alguém que você conhece, está lutando contra a depressão, lembre-se de que buscar ajuda é um sinal de força e o primeiro passo para a recuperação. Com o suporte certo e um plano de tratamento eficaz, é possível superar os desafios da depressão e encontrar esperança e felicidade novamente.

Caminhos para a Sabedoria, Amor-Próprio e Felicidade

Ser sábio, ter amor-próprio e viver feliz com saúde mental são aspectos interligados que formam a base de uma vida plena e equilibrada. Cada um desses elementos contribui para o bem-estar geral e para a construção de uma existência satisfatória e enriquecedora. Aqui estão algumas diretrizes para cultivar essas qualidades e alcançar uma vida mais feliz e saudável.

1. Cultivando a sabedoria

A sabedoria é mais do que acumular conhecimento; é a capacidade de aplicar esse conhecimento de forma eficaz e equilibrada. Para ser sábio, comece com a prática da autorreflexão. Tire um tempo para meditar sobre suas experiências, aprender com seus erros e reconhecer suas conquistas. A sabedoria também exige uma mente aberta e curiosa. Esteja disposto a questionar suas crenças e a explorar diferentes perspectivas. Através da reflexão e da curiosidade, você desenvolve uma compreensão mais profunda de si mesmo e do mundo ao seu redor.

Além disso, a sabedoria envolve a capacidade de tomar decisões ponderadas. Em vez de reagir impulsivamente, avalie as consequências de suas ações e escolha o caminho que mais se alinha com seus valores e objetivos. A prática constante da tomada de decisões informadas e conscientes fortalece sua sabedoria e ajuda a navegar os desafios da vida com maior clareza.

2. Desenvolvendo o amor-próprio

O amor-próprio é fundamental para uma vida saudável e feliz. Para desenvolvê-lo, comece por reconhecer e aceitar suas próprias qualidades e imperfeições. Não se concentre apenas em suas falhas, mas celebre suas conquistas e habilidades. Pratique a autocompaixão e se trate com a mesma gentileza e compreensão que você oferece aos outros.

Outra maneira de cultivar o amor-próprio é estabelecer limites saudáveis. Respeite suas necessidades e prioridades e não tenha medo de dizer não quando necessário. Criar espaço para o autocuidado e priorizar atividades que trazem alegria e satisfação são práticas essenciais para fortalecer a autoestima e o bem-estar emocional.

3. Promovendo a felicidade e a saúde mental

A felicidade é um reflexo do equilíbrio entre nossas necessidades emocionais, físicas e espirituais. Para promovê-la, é crucial investir em sua saúde mental. Isso inclui adotar práticas diárias que promovam o bem-estar, como exercícios físicos, alimentação saudável e técnicas de relaxamento, como a meditação e a respiração profunda.

A construção de relacionamentos saudáveis e significativos também desempenha um papel importante na felicidade. Cultivar amizades e conexões sociais positivas oferece suporte emocional e aumenta o sentimento de pertencimento. Além disso, dedicar tempo a atividades que você ama e que trazem um senso de propósito e realização contribui para uma vida mais gratificante.

Manter uma atitude positiva e praticar a gratidão são ferramentas poderosas para promover a saúde mental. Agradecer pelas pequenas e grandes coisas da vida ajuda a mudar a perspectiva e a focar no positivo. Enfrentar desafios com uma mentalidade construtiva e ver cada obstáculo como uma oportunidade de aprendizado fortalece a resiliência e o otimismo.

Em resumo, ser sábio, ter amor-próprio e viver feliz com saúde mental são aspectos que se reforçam mutuamente. Ao cultivar a sabedoria, reconhecer seu valor pessoal e investir em práticas que promovem a felicidade e o bem-estar, você cria uma base sólida para uma vida equilibrada e enriquecedora. Lembre-se de que a jornada para alcançar esses objetivos é contínua e evolutiva, e cada passo dado é um avanço em direção a uma existência mais plena e feliz.

O Conselho de um Grande Sábio para uma Criança

A vida é uma jornada maravilhosa, repleta de aventuras e aprendizados. Hoje, quero compartilhar com você alguns conselhos que acredito serem importantes para que cresça forte, feliz e sábia.

1. Seja curiosa e pergunte muito

A curiosidade é o começo do conhecimento. Não tenha medo de fazer perguntas e de explorar o mundo ao seu redor. Cada pergunta que você faz é uma porta que se abre para um novo entendimento. Lembre-se, todo grande sábio começou como uma criança curiosa.

2. Valorize a honestidade

Ser honesto é uma das qualidades mais importantes que você pode cultivar. Sempre diga a verdade, mesmo quando for difícil. A honestidade constrói confiança e respeito, e essas são bases importantes para todas as relações em sua vida.

3. Respeite a todos

Cada pessoa que você encontra tem algo único a oferecer. Trate todos com respeito e gentileza, independentemente de suas diferenças. Respeitar os outros é respeitar a si mesmo, e isso fará de você uma pessoa admirada e amada.

4. Aprecie as pequenas coisas

Às vezes, são as coisas simples que trazem mais alegria. Um pôr do sol, uma brincadeira no parque ou um sorriso sincero. Aprenda a apreciar esses pequenos momentos e descobrirá que a felicidade está em toda parte.

5. Não tenha medo de errar

Errar faz parte do aprendizado. Quando você comete um erro, não se desanime. Em vez disso, veja-o como uma oportunidade de crescer e aprender. Grandes inventores e pensadores cometeram muitos erros antes de alcançar o sucesso.

6. Cultive a paciência

Algumas coisas na vida levam tempo. Seja paciente com você mesmo e com os outros. Às vezes, os maiores tesouros são encontrados por aqueles que esperam e perseveram.

7. Siga seu coração

Seja fiel a si mesmo e siga seu coração. Faça o que te faz feliz e não tenha medo de sonhar grande. Seu coração sabe o que é melhor para você, então, ouça-o com atenção.

8. Ajude os outros

Sempre que puder, ajude os outros. Um ato de bondade pode fazer uma grande diferença na vida de alguém. Além disso, ajudar os outros traz uma felicidade imensa para você também.

9. Aprecie a natureza

A natureza é um presente maravilhoso. Passe tempo ao ar livre, observe as plantas, os animais e o céu. A natureza tem muito a nos ensinar sobre paz, beleza e harmonia.

10. Seja grato

A gratidão é a chave para uma vida feliz. Sempre que puder, agradeça pelas coisas boas que tem. Agradeça pela sua família, amigos, saúde e pelas oportunidades. Ser grato torna tudo mais especial.

O mundo é um lugar incrível, cheio de oportunidades e maravilhas esperando por você. Lembre-se desses conselhos e, acima de tudo, saiba que você é especial e capaz de realizar grandes coisas. Seja sempre você mesma e nunca deixe de acreditar no seu potencial.

A Importância do Reflorestamento para Diminuir as Catástrofes

O reflorestamento desempenha um papel crucial na redução das catástrofes naturais e na mitigação dos impactos das mudanças climáticas. As florestas são sistemas vitais que fornecem inúmeros benefícios ecológicos, econômicos e sociais, e sua restauração é essencial para a sustentabilidade do nosso planeta. Vamos explorar como o reflorestamento pode ajudar a diminuir as catástrofes e melhorar a resiliência do meio ambiente e das comunidades.

1. Controle de inundações

As árvores e a vegetação desempenham um papel fundamental na absorção da água da chuva, reduzindo o risco de inundações. As raízes das árvores ajudam a aumentar a infiltração de água no solo, diminuindo o escoamento superficial que pode causar inundações repentinas. Em áreas desmatadas, a ausência de vegetação leva à rápida escorrência da água, aumentando a frequência e a severidade das inundações.

2. Prevenção de deslizamentos de terra

As raízes das árvores estabilizam o solo, prevenindo deslizamentos de terra em áreas montanhosas e encostas íngremes. Quando as árvores são removidas, o solo se torna mais suscetível à erosão e deslizamento, especialmente durante chuvas intensas. O reflorestamento em áreas vulneráveis pode reduzir significativamente o risco de deslizamentos, protegendo vidas e propriedades.

3. Regulação do ciclo hidrológico

As florestas desempenham um papel crucial na regulação do ciclo hidrológico, ajudando a manter os níveis de água nos rios e aquíferos. Elas atuam como esponjas naturais, absorvendo e liberando água lentamente, garantindo um suprimento constante e regular de água. Isso é especialmente importante durante períodos de seca, pois as florestas ajudam a manter o fluxo de água, reduzindo a escassez hídrica.

4. Mitigação das mudanças climáticas

As florestas são sumidouros de carbono, absorvendo grandes quantidades de dióxido de carbono da atmosfera. O reflorestamento ajuda a combater as mudanças climáticas, reduzindo a concentração de gases de efeito estufa que contribuem para o aquecimento global. Além disso, florestas saudáveis regulam o clima local, influenciando os padrões de chuva e temperatura.

5. Conservação da biodiversidade

As florestas abrigam uma vasta gama de espécies de plantas e animais, muitas das quais são essenciais para o equilíbrio dos ecossistemas. O desmatamento ameaça a biodiversidade e pode levar à extinção de espécies. O reflorestamento ajuda a restaurar hábitats naturais, promovendo a conservação da biodiversidade e a resiliência dos ecossistemas.

6. Redução da erosão do solo

A vegetação florestal protege o solo da erosão causada pelo vento e pela água. Em áreas desmatadas, a erosão do solo pode levar à degradação da terra, perda de fertilidade e aumento da sedimentação em corpos d'água. O reflorestamento protege o solo, mantendo sua saúde e produtividade, e previne a degradação ambiental.

7. Benefícios econômicos e sociais

Além dos benefícios ecológicos, o reflorestamento também traz vantagens econômicas e sociais. Florestas saudáveis fornecem recursos valiosos, como madeira, produtos não madeireiros e serviços ecossistêmicos. Elas também oferecem oportunidades de emprego e recreação, melhorando a qualidade de vida das comunidades locais.

Conclusão

O reflorestamento é uma estratégia essencial para reduzir as catástrofes naturais e promover a resiliência ambiental. Ao restaurar e proteger as florestas, podemos controlar inundações, prevenir deslizamentos de terra, regular o ciclo hidrológico, mitigar as mudanças climáticas, conservar a biodiversidade e proteger o solo. Além disso, o reflorestamento oferece benefícios econômicos e sociais, contribuindo para um futuro sustentável e próspero. É imperativo que governos, comunidades e indivíduos colaborem em iniciativas de reflorestamento para garantir a saúde e a segurança do nosso planeta e de todas as suas formas de vida.

A Missão Urgente: Reflorestar

O desafio de reflorestar o planeta não é uma tarefa simples. Estima-se que uma árvore leva entre dez e cinquenta anos para atingir uma fase de maturidade em que pode sobreviver a condições climáticas adversas, como ventos fortes e longos períodos de seca. Este período varia de acordo com a espécie e o ambiente. No entanto, não basta apenas plantar árvores. A taxa de sobrevivência de árvores jovens é um dos maiores desafios. Em média, de mil árvores plantadas, apenas entre trezentas e quinhentas conseguem atingir a maturidade. O sucesso depende de fatores como a qualidade do solo, o manejo sustentável da área plantada e a preservação dos ecossistemas naturais.

Ainda há esperança, mas ela depende de uma ação rápida e coordenada em escala global. Precisamos, como civilização, reconhecer que proteger as florestas não é apenas uma questão ambiental – é uma questão de sobrevivência. O nosso futuro, e o futuro de todas as gerações que virão, depende da nossa capacidade de agir agora.

O Impacto Devastador da Poluição Aquática e a Importância de Mudanças Urgentes no Comportamento Humano

A poluição de praias, rios e oceanos é um dos maiores desafios ambientais do nosso tempo. Todos os anos, milhões de toneladas de resíduos são despejados nos mares, transformando as águas cristalinas em depósitos de lixo. Plásticos, resíduos químicos, dejetos industriais e até mesmo o lixo doméstico estão a destruir os ecossistemas aquáticos. Este cenário alarmante não só ameaça a biodiversidade, como também impacta diretamente a nossa saúde e a qualidade de vida das gerações futuras.

A presença de plástico nos oceanos é devastadora. Animais marinhos, como tartarugas, peixes e aves, confundem fragmentos de plástico com alimento, acabando por ingeri-los. Estas partículas, conhecidas como microplásticos, não se degradam facilmente, acumulando-se no organismo desses animais e, eventualmente, chegando até nós através da cadeia alimentar. Peixes e frutos do mar que consumimos estão contaminados com esses microplásticos, o que pode provocar sérios problemas de saúde, como alterações hormonais, doenças inflamatórias e até mesmo câncer. Além disso, a poluição dos rios e oceanos é uma das principais fontes de doenças causadas por bactérias e vírus, tornando-se uma grave ameaça para as comunidades costeiras e ribeirinhas que dependem dessas águas para sobrevivência.

O impacto no meio ambiente é devastador. Os recifes de corais, essenciais para a vida marinha estão a morrer devido à poluição e ao aumento da temperatura da água, resultando na perda de hábitat para milhares de espécies. A fauna e a flora que dependem das águas limpas e equilibradas enfrentam uma extinção iminente, e a pesca, que é o sustento de milhões de pessoas em todo o mundo, está comprometida. Estamos a destruir os oceanos, que são os pulmões do planeta, sem perceber as consequências catastróficas dessa devastação.

As nossas atitudes têm de mudar com urgência. É fundamental reduzirmos a produção e o consumo de plásticos descartáveis, bem como investir em sistemas de reciclagem eficientes e na limpeza de rios e mares. Também precisamos pressionar governos e indústrias a adotarem práticas mais sustentáveis, com leis que protejam o ambiente aquático. Se continuarmos no caminho atual, em poucos anos, os oceanos terão mais plástico do que peixes, e as doenças associadas à contaminação dos recursos hídricos se tornarão cada vez mais frequentes.

Não podemos mais ignorar a gravidade deste problema. As gerações futuras merecem um planeta saudável, e cabe a cada um de nós fazer a nossa parte. As nossas escolhas diárias têm um impacto direto no futuro dos oceanos e, consequentemente, em nossa própria sobrevivência. Está em nossas mãos reverter esta situação antes que seja tarde demais.

A Responsabilidade das Grandes Empresas e Empresários na Educação, Reflorestamento e Despoluição

O papel das grandes empresas e dos grandes empresários na promoção da educação, do reflorestamento e da despoluição é crucial para a sobrevivência do nosso planeta. Não podemos depender exclusivamente dos governos para resolver esses problemas urgentes. A iniciativa privada tem a capacidade e os recursos para liderar essas transformações, demonstrando que é possível aliar sucesso econômico com responsabilidade social e ambiental.

Investir em educação é investir no futuro. As empresas podem apoiar programas educacionais que enfatizem a sustentabilidade e a preservação ambiental, preparando as próximas gerações para enfrentarem os desafios globais. Quando os empresários investem na educação, estão criando uma força de trabalho mais consciente e capacitada, que entende a importância de práticas sustentáveis e está pronta para inovar e implementar soluções ambientais.

O reflorestamento é outra área cuja iniciativa privada pode fazer uma diferença significativa. As empresas podem financiar projetos de plantio de árvores e restauração de ecossistemas degradados. Além de contribuir para a redução dos níveis de dióxido de carbono na atmosfera, essas iniciativas ajudam a preservar a biodiversidade e a proteger os recursos naturais. Um planeta com mais florestas é um planeta mais resiliente, capaz de suportar as mudanças climáticas e proporcionar um ambiente saudável para todos.

A despoluição é um desafio que exige ação imediata e concentrada. As grandes empresas têm a responsabilidade de minimizar seu impacto ambiental e de investir em tecnologias limpas e processos produtivos mais eficientes. Além disso, podem financiar projetos de limpeza de rios, oceanos e solos contaminados. Ao fazer isso, as empresas não apenas protegem o meio ambiente, mas também promovem a saúde pública e melhoram a qualidade de vida das comunidades onde operam.

Não podemos esperar que os governos resolvam todos esses problemas por nós. As empresas e empresários precisam tomar a iniciativa e servir de exemplo. Ao demonstrar que é possível combinar crescimento econômico com práticas sustentáveis, eles podem inspirar políticas públicas mais eficazes e incentivos governamentais para apoiar essas iniciativas. A liderança empresarial pode e deve catalisar a ação governamental.

Estamos em um momento crítico da história da humanidade. O planeta já passou por grandes extinções em massa, e estamos enfrentando mais uma. Se não tomarmos uma atitude racional e proativa, corremos o risco de repetir os erros do passado. A ciência nos fornece as ferramentas e o conhecimento necessários para evitar essa catástrofe, mas precisamos de líderes visionários que estejam dispostos a agir.

Ao investir em educação, reflorestamento e despoluição, as grandes empresas e empresários estão contribuindo para um futuro mais sustentável e harmonioso. Usando a consciência e a responsabilidade, podemos viver em equilíbrio com a natureza como nunca antes na história da raça humana. A oportunidade de mudar o curso da história está em nossas mãos, e a hora de agir é agora. Juntos, podemos criar um legado de sustentabilidade e prosperidade para as gerações futuras.

A Energia Curadora da Natureza

A natureza sempre foi reconhecida pelos sábios como uma fonte infinita de cura e energia vital. Desde o princípio dos tempos, os seres humanos encontraram nela tudo do que necessitavam para sobreviver e prosperar: o alimento que nos nutre, a água que nos purifica e as plantas que nos curam. Toda cura, seja física, mental ou espiritual, vem da natureza. Ela contém os elementos essenciais que reequilibram nossos corpos e almas, desde os remédios naturais às energias sutis que renovam nosso ser. Quando estamos em contato com a natureza, sentimos sua força e serenidade, capazes de nos restaurar profundamente.

Os sábios sempre chamaram a natureza de "mãe" porque, como uma mãe, ela nos nutre, protege e acolhe. Assim como uma mãe amorosa cuida de seus filhos, a Terra nos fornece tudo de que precisamos sem pedir nada em troca. Seu ciclo de vida nos ensina sobre resiliência, renovação e equilíbrio. Quando nos permitimos estar em sintonia com ela, nossos corpos e mentes se regeneram, e podemos encontrar alívio para o estresse, a ansiedade e até mesmo para doenças. A natureza nos ensina a ser humildes e a reconhecer que fazemos parte de algo muito maior que nós mesmos.

Os sábios dizem que Deus é a própria natureza porque nela reside a força criadora do universo. É nas montanhas, florestas, rios e mares que sentimos a presença divina. Deus, na visão dos sábios, não é separado da criação; Ele é a própria criação em sua manifestação mais pura. Quando olhamos para uma árvore centenária, uma cadeia de montanhas ou o oceano infinito, somos tocados por algo além de nossa compreensão – algo que nos conecta ao mistério da vida.

A natureza é o reflexo da perfeição divina, e em sua simplicidade, encontramos a resposta para muitas de nossas buscas. Para os sábios, entender a natureza é entender Deus. Quando nos harmonizamos com ela, nos harmonizamos com a energia divina que permeia o cosmos. Afinal, tudo que é vivo, tudo que respira e floresce, é uma expressão dessa mesma força sagrada. Por isso, para curar o corpo e o espírito, precisamos apenas retornar à nossa origem, que é a natureza, e ali reencontrar o divino em cada flor, cada rio e cada pôr do sol.

Este poder curador e divino da natureza está ao alcance de todos nós, esperando apenas que voltemos os nossos corações para ela. Quando aprendemos a ouvir e a respeitar sua sabedoria, entendemos o motivo de ser chamada de "mãe" e compreendemos a razão pela qual Deus e a natureza são uma só essência: a origem e o sustento de toda a vida.

A Importância do Amor, Carinho e Educação na Vida de um Filho

Ter um filho é uma das experiências mais transformadoras e gratificantes da vida. No entanto, essa jornada vem com uma enorme responsabilidade: garantir que essa criança cresça cercada de amor, carinho e educação. Esses elementos são fundamentais para o desenvolvimento de uma saúde mental sólida e a formação de indivíduos que contribuam positivamente para o planeta. A ausência desses pilares pode levar a consequências devastadoras, tanto para a criança quanto para a sociedade como um todo.

Amor e carinho. O amor e o carinho são o alicerce sobre o qual se constrói a vida de uma criança. Quando uma criança é amada, ela se sente segura, valorizada e capaz de enfrentar os desafios da vida. Essa segurança emocional é crucial para o desenvolvimento de uma autoestima saudável e para a capacidade de formar relacionamentos significativos. Em contraste, crianças que se desenvolvem sem amor e carinho, com certeza, enfrentam batalhas internas silenciosas, que podem se manifestar como problemas de saúde mental, comportamentos violentos e dificuldades em estabelecer vínculos afetivos. Essas crianças são as vítimas inocentes de um ciclo de negligência e dor que precisa ser interrompido.

Educação. A educação é a chave para um futuro brilhante e cheio de possibilidades. Mas educação não é apenas sobre aprender a ler e a escrever; é sobre ensinar valores, respeito, empatia e responsabilidade. Uma educação sólida prepara a criança para ser um cidadão consciente e ativo, capaz de fazer escolhas éticas e contribuir para uma sociedade mais justa e sustentável. Crianças sem acesso à educação ficam presas em um ciclo de pobreza e desespero, muitas vezes, recorrendo a comportamentos destrutivos como uma forma de lidar com sua realidade sombria.

Realidade dolorosa. É angustiante saber que milhares de crianças ao redor do mundo vivem sem o amor, carinho e educação que merecem. Essas crianças não escolheram suas circunstâncias e não têm culpa por sua situação. Elas precisam de nossa atenção, compaixão e ação. Precisamos fornecer a elas o tratamento adequado e oportunidades educacionais para que possam quebrar o ciclo de miséria e violência em que, muitas vezes, estão presas. As pessoas irresponsáveis de hoje, frequentemente, são o resultado de uma infância carente de amor e orientação. Reconhecer essa realidade é o primeiro passo para corrigir os erros do passado.

Apelo à ação. Não podemos mais ignorar a seriedade desse problema. É nossa responsabilidade coletiva garantir que todas as crianças cresçam em um ambiente de amor, carinho e educação. Cada um de nós tem um papel a desempenhar nessa transformação. Não podemos esperar que o governo faça tudo por nós; a mudança começa em nossos próprios lares e comunidades. Vamos nos comprometer a criar um mundo onde cada criança seja valorizada, educada e amada. Somente assim, poderemos acabar com a maldade, a violência e a miséria que afligem nossa sociedade.

Esta é uma chamada urgente à ação. Precisamos agir agora, com compaixão e determinação, para assegurar um futuro melhor a nossas crianças e, consequentemente, ao nosso mundo. O poder de mudar está em nossas mãos, e a hora de agir é agora. Vamos fazer a diferença para as futuras gerações e criar um legado de amor, carinho e educação que perdurará por toda a eternidade.

O Papel do Controle de Natalidade no Equilíbrio do Planeta

Atualmente, a população global ultrapassa oito bilhões de pessoas. Esse crescimento acelerado gera uma pressão imensa sobre os recursos naturais, o meio ambiente e a qualidade de vida das pessoas. O aumento da população contribui para o consumo desenfreado de alimentos, água, energia e terras, resultando em desmatamento, poluição, escassez de recursos e conflitos. A superpopulação é uma das principais causas de desigualdade social, guerras por território, miséria e violência, pois, à medida que os recursos se tornam mais limitados, a competição por eles aumenta, criando um cenário de tensão global.

Por isso, o controle de natalidade, quando aplicado de forma racional e planejada, é uma solução essencial para trazer equilíbrio ao planeta. Essa abordagem não se trata de restringir a liberdade das pessoas, mas de promover educação, conscientização e acesso a recursos que permitam decisões informadas sobre a reprodução. Quando as populações crescem de maneira sustentável, é possível garantir que os recursos naturais sejam suficientes para todos, reduzindo os impactos ambientais, as crises alimentares e a degradação dos ecossistemas.

Um mundo onde o controle de natalidade é adotado de forma consciente e ética também é onde os seres humanos podem viver com mais qualidade, menos desigualdade e mais harmonia com a natureza. Esse controle permitiria não apenas a preservação dos recursos, mas também o desenvolvimento de uma sociedade mais racional e evoluída, em que os avanços tecnológicos e científicos seriam aplicados para o bem comum, em vez de para a destruição do meio ambiente ou a exploração desenfreada dos recursos.

Imaginemos um planeta em que os seres humanos fossem guiados pela razão, pela ética e por um senso de responsabilidade global. Nesse cenário, as guerras e os conflitos por recursos seriam desnecessários, já que a população estaria equilibrada com a capacidade de regeneração da Terra. A violência e a miséria dariam lugar a uma convivência pacífica, em que cada ser humano teria o suficiente para viver com dignidade e contribuir para o bem coletivo.

O equilíbrio entre a população e os recursos naturais não é apenas uma necessidade ecológica, mas também uma base para a criação de um mundo mais justo, pacífico e sustentável. A implementação de políticas de controle de natalidade, associadas à educação e ao desenvolvimento social, pode ser o caminho para alcançar essa visão de futuro, em que a humanidade vive em harmonia, com respeito ao meio ambiente e às futuras gerações.

Reflexão Final

A Sabedoria dos Olhos e do Coração

Existem dois tipos de sabedoria. A doutrina dos olhos é clara, visível e acessível a todos. Ela é ensinada em público, absorvida facilmente, oferecendo respostas rápidas para quem não procura mais do que o evidente. Já a doutrina do coração é reservada a poucos, a qual exige introspecção e paciência, e não pode ser compreendida apenas com os sentidos. É o conhecimento profundo, que nasce da experiência e do questionamento interior.

Enquanto a maioria segue o caminho fácil dos olhos, os eleitos ousam ir além, buscando a verdade que só o coração pode entender.

Os maiores problemas a serem superados na vida, muitas vezes, incluem a perda de um ente querido, o fim de um relacionamento, a falência financeira e os vícios. Cada um desses desafios traz consigo um conjunto único de dificuldades emocionais e práticas.

Diante desses problemas quase inevitáveis, a resiliência, a busca por apoio emocional e profissional e o foco no autocuidado são essenciais para a superação e o crescimento pessoal.

Deixe sua mente vazia, limpa de pensamentos, como uma folha de papel em branco. Quando pensar, pense em coisas boas e positivas. Pense! Sinta! Realize!

Viva apenas o momento presente. O que for plantado no presente será colhido no futuro.

Promover virtudes, amor e respeito é essencial para alcançarmos a paz global. A consciência individual e coletiva pode ser ampliada através da educação e de ações simples, mas significativas, como jogar o lixo no lixo e dar bons exemplos.

Virtudes como honestidade, compaixão e empatia podem transformar não apenas nossas vidas, mas também as comunidades e o mundo ao nosso redor. Cada pequena ação conta na jornada para um mundo mais justo e harmonioso.

Continue espalhando essa mensagem de amor e evolução!

A educação é a luz que dissipa a ignorância. Busque conhecimento e sabedoria, pois eles são armas poderosas na luta contra a adversidade.

Desejo sinceramente que um dia os seres humanos possam valorizar a mãe natureza tanto quanto valorizam o ouro, pois somente então poderão contemplar plenamente a grandeza de Deus e do universo.

A mãe natureza, em sua infinita sabedoria, é a fonte primordial de vida, oferecendo-nos o oxigênio que respiramos, a água que sacia nossa sede e os alimentos que nos nutrem, sendo fundamental para o equilíbrio ecológico e a sobrevivência de todas as espécies, incluindo a nossa.

Bombas, armas, guerras, desmatamentos e poluições desfavorecem a generosidade da mãe natureza, perturbando o equilíbrio essencial que sustenta a vida e ameaçando a sobrevivência de todas as espécies, inclusive a nossa.

Somente quando nos comprometemos com a partilha da sabedoria é que despertamos o verdadeiro poder de mudança. O amor, o respeito e a saúde não são apenas ideais distantes, mas forças transformadoras que precisam ser cultivadas em cada palavra e em cada ação. Que a nossa voz ecoe com firmeza, levando a todos os cantos do mundo a chama de um futuro em que a humanidade floresça em plenitude. Agora é o momento de agir, de ser a diferença, de construir um legado que ressoe para além do tempo.

Vamos lutar por um mundo melhor!

Deus abençoe a todos com muito amor e sabedoria!

Neste momento, envio energia positiva, boas vibrações e intenções de abundância e saúde para todos. Que cada pessoa seja envolvida por uma luz de paz e harmonia, sentindo-se renovada e fortalecida.

Que a abundância flua livremente em suas vidas, trazendo prosperidade em todas as áreas. Que a saúde seja constante e robusta, proporcionando bem-estar e vitalidade.

Que cada coração se encha de amor e gratidão, atraindo sempre o melhor. Que todos encontrem o caminho da felicidade e realizem seus sonhos com alegria e serenidade.

Se você gostou desta obra e deseja apoiar o meu trabalho, qualquer contribuição será muito bem-vinda. Muito obrigado pelo seu apoio e generosidade!

Escaneie e Apoie no Pix

EDITORA LUX

www.editoralux.com.br